AF261837

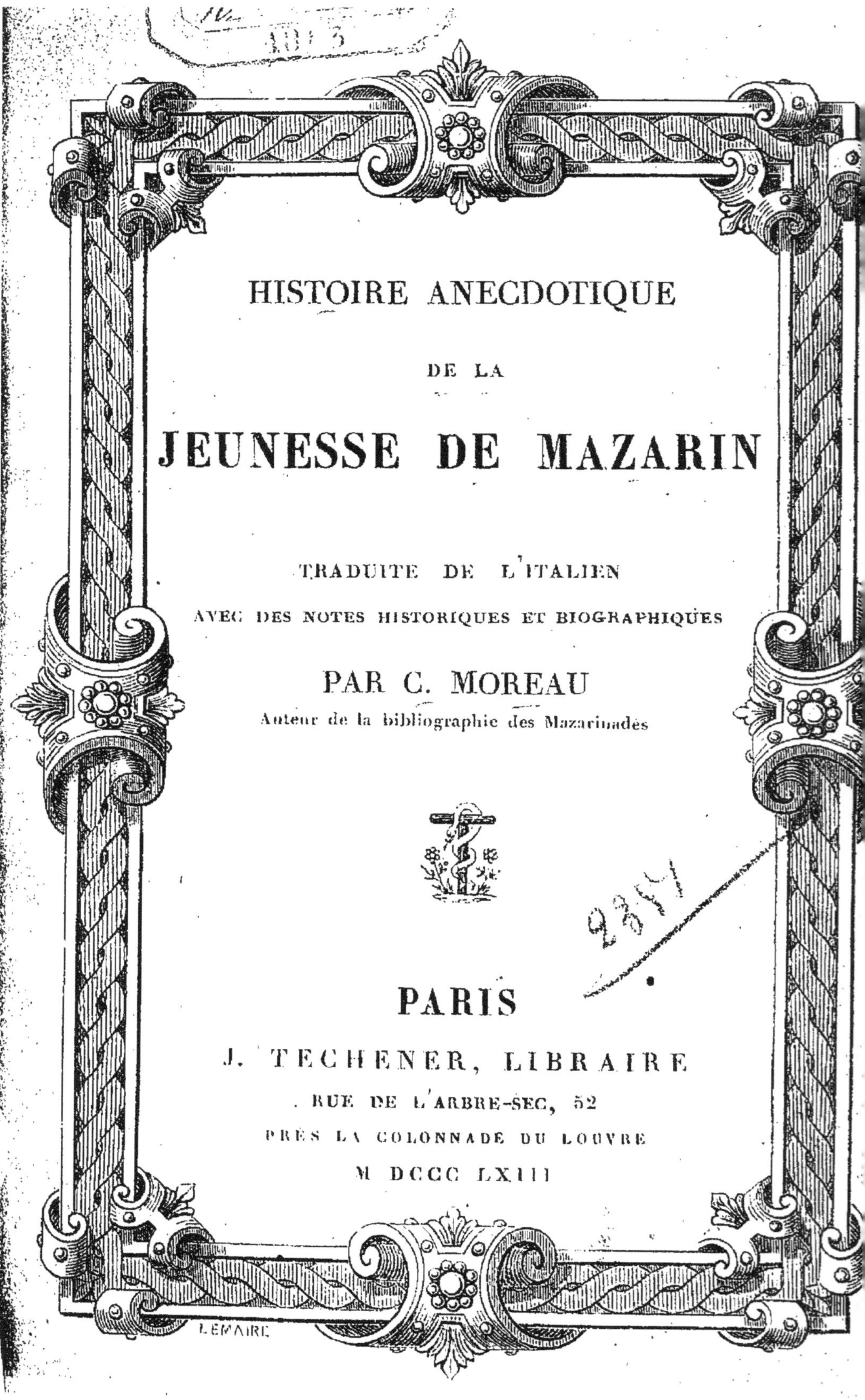

HISTOIRE ANECDOTIQUE

DE LA

JEUNESSE DE MAZARIN

TRADUITE DE L'ITALIEN

AVEC DES NOTES HISTORIQUES ET BIOGRAPHIQUES

PAR C. MOREAU

Auteur de la bibliographie des Mazarinades

PARIS

J. TECHENER, LIBRAIRE

RUE DE L'ARBRE-SEC, 52

PRÈS LA COLONNADE DU LOUVRE

M DCCC LXIII

HISTOIRE ANECDOTIQUE

DE LA

JEUNESSE DE MAZARIN

PARIS. — IMPRIMERIE DE CH. LAHURE
Rue de Fleurus, 9

HISTOIRE ANECDOTIQUE

DE LA

JEUNESSE DE MAZARIN

TRADUITE DE L'ITALIEN

AVEC DES NOTES HISTORIQUES ET BIOGRAPHIQUES

PAR C. MOREAU

Auteur de la bibliographie des Mazarinades

PARIS

J. TECHENER, LIBRAIRE

RUE DE L'ARBRE-SEC, 52

PRÈS LA COLONNADE DU LOUVRE

M DCCC LXIII

BIBLIOTHÈQUE IMPÉRIALE

A

M. P. THABUIS DE GUIDON.

MON CHER ONCLE,

En mettant au jour ce petit volume, je ne pouvais pas oublier la part principale que vous avez prise à la traduction de la Vie *de l'Éminentissime cardinal Mazarin.*

Je saisis de grand cœur cette occasion de vous offrir ici un témoignage public de la gratitude et du respect avec lesquels je suis heureux de me dire

Votre neveu affectionné,

C. MOREAU.

a

PRÉFACE.

Il a paru, en 1855, dans le *Rivista Contemporanea* de Turin, livraison de novembre, et sous le titre de *Il Cardinale Mazarino*, une biographie jusque-là inédite du cardinal. Elle avait été trouvée dans la bibliothèque de l'Université de la même ville. L'éditeur s'est borné, dans un court avant-propos, à quelques remarques qui l'ont amené à conclure que l'auteur devait avoir été condisciple et ami de Mazarin, qu'il était probablement habitant de Rome, enfin que son écrit était adressé à un prince sérénissime qui l'avait demandé, et qui sans doute était le cardinal Maurice de Savoie, second fils de Charles-Emmanuel Ier, frère de Victor-Amédée et oncle de Charles-Emmanuel II. Il n'a d'ailleurs pas songé seulement à donner la moindre indication sur l'écriture, sur le format, sur la date du manuscrit ; et pas davantage à ajouter au texte quelques éclaircissements absolument nécessaires. Il n'a pas même rétabli dans la plus mince notule les noms

italianisés des personnages français, laissant *Ciore*
pour *Cœuvre*, *Ruiné* pour Rouvray, *Semiens* pour
Servien, *Liuni* pour Lionne, etc. Encore moins
a-t-il pris la peine de chercher quel degré de confiance doit être accordé aux récits de l'écrivain
inconnu.

Quelque défectueuse que soit cette publication,
elle a pourtant, peu de temps après son apparition,
appelé l'attention d'un spirituel érudit qui l'a ana-
lysée, trop brièvement à notre avis, dans l'*Athe-
næum* du 10 mars 1856, t. V, p. 171. M. Charles
Asselineau nous paraît ne s'être proposé que de
signaler l'existence de la nouvelle biographie.

A cette époque, nous avions déjà, nous-même,
préparé, avec le secours de notre oncle, M. Thabuis
de Guidon, une traduction complète de l'article de
la *Rivista* : qu'en devions-nous faire? nous ne le
savions pas bien encore; mais il y avait là des faits
très-intéressants, des anecdotes très-curieuses; et
nous voulions, en tout cas, les avoir à notre disposition.

Plusieurs circonstances nous ont fait ensuite
négliger ce travail jusqu'à l'année dernière, que
nous l'avons relu avec un soin plus attentif. Nous
avons été alors singulièrement frappé de l'intérêt
que présente la partie relative aux premières
années et aux premiers emplois de Mazarin, avant
son entrée définitive dans les Conseils du roi de
France. Mais quelle pouvait être la valeur des
récits du biographe? Nous nous sommes appliqué
à les comparer avec les apologies des historiens
du cardinal et avec les médisances des pamphlétaires de la Fronde. Cette comparaison achevée,

nous l'avons mise sous les yeux du public dans quatre numéros successifs du *Bulletin du Biblio-phile et de l'Amateur,* décembre 1859 ; mars, avril et juin 1860.

Notre tâche était ainsi terminée quand l'un des conservateurs adjoints de la Bibliothèque impériale, M. Richard, dont l'obligeance parfaite pour nous ne s'est jamais démentie, nous a appris qu'il existait, au département des manuscrits, deux copies de la biographie. Nous avouons très-humblement que nous n'aurions pas pensé à diriger nos recherches de ce côté. Aussi bien notre intention n'était que d'apprécier la découverte de Turin, et pour cela le texte de la *Rivista* nous suffisait. Toutefois nous nous sommes empressé de prendre connaissance des deux copies ; et pendant que nous les feuilletions avec la curiosité vagabonde d'une entrée en pos-session, une troisième nous a été communiquée par le bienveillant et complaisant M. Claude.

Ce sont donc trois copies que conserve notre grand dépôt de la rue de Richelieu. Deux, de format in-octavo, appartiennent au *fonds Baluze,* où elles sont inscrites sous le N° 10487, 2 et 3. La dernière, petit in-folio, porte le N° 5485 du *Supplément français.*

Toutes trois présentent les caractères de l'écriture cursive au dix-septième siècle. Elles ont été trans-crites à la même époque environ, si ce n'est que le N° 104873 du *fonds Baluze* est antérieur, tandis que les deux autres sont postérieurs à la mort de Mazarin.

Son titre, qui se lit seul sur la première page, est ainsi conçu : *Vita dell eminentissimo cardinale*

Mazzarino, dal di del pro natale sino all anno presente 1657. Le N° 104872 du *fonds Baluze* est intitulé simplement : *Vita del cardinale Giulio Mazzarini ;* et le N° 5485 du *Supplément français : La veridica vita del cardinal Giulio Mazzarino.*

Par le mot *presente* du premier titre, faut-il entendre l'année de la composition ou celle de la transcription? Nous penchons pour les deux sens à la fois ; nous croyons que la copie a été faite dans l'année même où la biographie a été écrite. Elle a été commencée par une main, continuée par une autre, puis reprise par la première pendant quelques pages, et enfin terminée par la seconde. On peut en inférer qu'il y avait un motif sérieux de presser la transcription. Peut-être la biographie, nouvelle alors et cependant fort recherchée, n'avait pu être prêtée que pour peu de temps à celui qui la copiait ou la faisait copier.

En tout cas, le N° 104873 du *fonds Baluze*, en même temps qu'il est le plus ancien, est aussi le plus conforme au texte de la *Rivista*. C'est le seul qui contienne le préambule, c'est-à-dire les trois premiers paragraphes dans lesquels l'auteur, s'adressant au cardinal Maurice de Savoie, expose l'origine, le but et le plan de son écrit. Les deux autres copies commencent au quatrième paragraphe dont les premiers mots sont : *Nacque Pietro di Giulio nell isola de Sicilia, etc.*, sauf que le N° 5485 du *Supplément français* fait précéder ces mots de quatre lignes en forme d'introduction contre ceux qui, ayant écrit au gré de leur caprice la vie du cardinal Jules Mazarin, ont plutôt mérité le titre de flatteurs que d'écrivains.

Le N° 104872 du *fonds Baluze* a été incontestablement formé sur un texte semblable à celui du N° 104873. Ce ne sont pas seulement le même ensemble et la même succession de faits ; ce sont aussi presque toujours les mêmes expressions ; mais, d'une part, le copiste a ajouté à la relation primitive quelques paragraphes qui la conduisent jusqu'en 1661, après la mort de Mazarin ; de l'autre, il a fait dans les mots des changements dont on ne voit pas la raison ; il a allongé ou raccourci des phrases ; il a particulièrement retranché les incidences dans lesquelles l'auteur se met lui-même en scène et s'appuie sur son propre témoignage ; il a cité des dates ; enfin il a altéré le texte, trop pour lui conserver son caractère d'authenticité, pas assez pour le rendre méconnaissable.

Frappé des nombreuses variantes qui se remarquent dans ce manuscrit, le docteur Marsand[1] s'est demandé si le copiste avait simplement voulu corriger le style de l'auteur, ou s'il avait conçu le projet de s'approprier l'œuvre de l'anonyme. En y regardant de plus près, il aurait vu qu'il y a là autre chose que des corrections de style ; mais en même temps il se serait convaincu qu'il reste encore trop de texte original pour permettre de croire à une pensée de substitution. Nous nous reconnaissons d'ailleurs impuissant, comme lui, à résoudre le problème qu'il a posé.

Quoi qu'il en soit, le N° 5485 du *Supplément français* a été évidemment copié sur le N° 104872

---

1. Manuscrits italiens de la Bibliothèque du roi, t. II, p. 199.

du *fonds Baluze*. Pourtant ils se distinguent encore par quelques différences de mots. Surtout le premier contient sur une des belles-filles du maréchal d'Estrées une anecdote singulière que ne rapporte pas le second. On voit, par un passage de la fin, qu'il a été transcrit non-seulement après la mort, mais aussi après l'ouverture du testament de Mazarin, dont un prétendu résumé se trouve à la suite de la biographie, parmi les pièces comprises dans le manuscrit.

Si la biographie a été si souvent reproduite en quelques années, c'est assurément parce qu'elle jouissait d'une certaine faveur auprès des contemporains du cardinal. Nous en connaissons quatre copies. Il n'y a pas de témérité à dire que sans nul doute il en a existé et peut-être il en existe encore d'autres. Que la presse jette, au milieu d'un public indifférent ou moqueur, des centaines d'exemplaires de livres maussades, ce n'est, hélas! que trop ordinaire; et il n'y a pas à en conclure que ces livres aient reçu un accueil favorable. Mais que des copies à la main d'un écrit se multiplient, qu'elles se conservent nombreuses à travers les siècles, il faut à de pareils faits une explication qui ne peut se rencontrer que dans la valeur réelle de l'écrit: valeur historique ou littéraire, valeur relative ou absolue, valeur véritable pourtant et telle qu'il serait puéril de la méconnaître. Ce n'est pas la volonté de l'auteur qui fait cette publicité, pour ainsi parler, clandestine; c'est la curiosité des amateurs, c'est la puissance de l'opinion. Les transcriptions ne précèdent pas le crédit de l'ouvrage; elles le suivent. Elles ne l'établissent pas;

elles le confirment et le démontrent. Et parce qu'il résiste au temps, elles échappent à la destruction.

On est donc forcé de juger favorablement de la biographie par le nombre des copies manuscrites qui nous en restent. C'est un document intéressant et curieux, qui, recherché dans le temps où vivait Mazarin, mérite de l'être encore aujourd'hui. Il ne saurait être négligé sans dommage. Nos études précédentes nous avaient conduit à cette conclusion. Nous y demeurons plus fortement attaché à cette heure que notre sentiment n'est plus en quelque façon que l'écho du sentiment public au dix-septième siècle, à une époque où l'auteur était peut-être aussi bien connu que le héros de la biographie.

Nous avons pensé en conséquence que notre premier travail ne suffisait plus, et qu'il était à propos de donner une traduction complète de l'œuvre publiée par la *Rivista*.

Dans les articles insérés au *Bulletin du Bibliophile*, nous avons dit que la biographie pouvait se diviser en deux parties, l'une prenant Jules Mazarin à sa naissance et le menant jusqu'à la mort de Louis XIII ; l'autre racontant ses diverses fortunes sous le règne de Louis XIV. Nous avons ajouté que la seconde, fort incomplète, était, de plus, souvent fort in-exacte. A cause de cela, nous l'avons laissée de côté tout entière. Nous persistons dans l'opinion que, considérée en elle-même, elle est d'une insignifiance absolue ; mais si l'on veut y voir une expression des idées qui dominaient en Europe, et particulièrement en Italie, peut-être des jugements que Mazarin s'appliquait à faire répandre par ses amis et par ses correspondants, on trouvera sans doute qu'elle n'est pas tout à fait indigne d'attention. En tout cas, elle montre sous quel aspect étaient envisagés par de bons esprits à l'étranger les événements de la Fronde. C'est pourquoi nous nous sommes décidé à la traduire. D'ailleurs, en présence des quatre manuscrits que gardent Paris et Turin, les récits de l'auteur inconnu ont pris une importance qu'ils n'avaient pas acquise par la seule publication de la *Rivista;* et nous avons cru qu'il ne nous appartenait pas d'en rien retrancher.

Malheureusement nous ne savons rien de l'origine, du nom et de la condition du biographe. On peut tenir pour certain qu'il était Romain; et c'est tout. Mais il a été compagnon de Mazarin dans son enfance et dans sa jeunesse; il a vécu avec lui dans des rapports d'amitié assez étroits pour être témoin des désespoirs dans lesquels jetaient le futur tuteur de Louis XIV les inclémences du jeu, et pour entendre les paroles que l'ambition du nonce extraordinaire de Sa Sainteté adressait à l'ambassadeur de France. Il a écrit la vie du cardinal non-seulement sur ses propres souvenirs, mais encore sur les souvenirs d'amis communs dont il avait eu la précaution de réclamer le concours; il l'a écrite pour le cardinal Maurice de Savoie, qui la lui avait demandée, dont il faisait profession d'être un des serviteurs les plus dévoués et à qui, pour employer ici ses expressions, il reconnaissait avoir, ainsi qu'à sa maison toujours auguste, des obligations infinies et ineffaçables.

Il ne se montre d'ailleurs, dans ses écrits, ni flatteur, ni détracteur de Mazarin. Il ne paraît pas plus ébloui qu'impatienté par les grandeurs du ministre

heureux qui a su donner à l'Europe la paix de
Munster et la paix des Pyrénées. Évidemment il
n'a d'autre intention que de répondre avec sincérité
au prince qui l'a interrogé; il raconte en conséquence ce qu'il sait, ou, si l'on veut, ce qu'il croit
savoir, simplement, sans emportement, sans passion ; en un mot sa narration est la déposition d'un
témoin impartial et calme, et non le plaidoyer d'un
adversaire ou la sentence d'un juge.

Par tous ces titres, il mérite à notre avis que son
témoignage soit conservé entier, exactement tel
qu'il l'a rendu. Nous nous sommes donc appliqué
d'abord à bien établir le texte de la biographie.
Celui de la *Rivista* est généralement bon ; mais des
membres de phrase ont été passés en quelques
endroits ; des mots ont été altérés de manière à
former des contre-sens et même des non-sens :
nous en citerons seulement quelques exemples.
Dans le premier paragraphe du préambule, après
la phrase où l'auteur dit « qu'il a pris un soin tout
particulier de se rappeler les choses dont il a été
témoin, pendant le cours de tant d'années, dans sa
jeunesse, en la compagnie du sujet dont il a à entretenir le cardinal de Savoie, » on ne trouve pas
les mots qui suivent : « *et anco ho premuto haverne
real conto d'altri miei amici e compagni ancora*
(in quei tempo dello stesso Mazarino). » Plus loin
le biographe raconte que Pierre Mazarin fut envoyé
à l'école, où il fit tant de progrès dans l'étude de la
langue latine qu'il devint habile à exercer la profession de notaire et à plaider quelques petites
causes. Le texte de la *Rivista* porte : *Che si rese
abile ad esercitur in quel luogo di qualche utile*

et di reputatione. Il fallait : *Che si rese abile ad escrcitar la professione di notaro e patrocinare qualche causetta, essendo tal professione in quel luogo, etc.* Parlant de la naissance de Jules, l'auteur dit qu'il reçut le nom de son aïeul : *del nonno ;* mais, ajoute-t-il, avec une fortune de beaucoup incomparable : *Ma con assai et impareggiabile fortuna.* La *Rivista* écrit *Nono,* qui signifie neuf, avec un N majuscule comme s'il s'agissait d'un nom propre ; puis elle substitue « *pareggiabile* fortuna » à *impareggiabile.*

Ces fautes sont-elles du fait de l'imprimeur ou du copiste? nous ne le savons pas. Toujours est-il que le Nº 104873 du *Fonds Baluze* nous a permis de les corriger et d'autres encore. C'est sur le texte de ce numéro que nous avons revu notre traduction. Nous sommes assez disposé à croire qu'il est préférable à celui de Turin, dont le titre, si la *Rivista* ne l'a point changé, ne doit pas être le titre de l'écrit original, et qui, en tout cas, ne nous paraît être qu'une copie comme notre manuscrit.

Nous avons relevé avec soin toutes les variantes des Nᵒˢ 10,487² du *fonds Baluze* et 5485 du *Supplément français,* qui ajoutent quelque chose aux récits du biographe ; et nous les avons reproduites dans les notes à la fin de l'ouvrage. Mais nous avons négligé celles qui ne constituent que des différences de mots. Il n'y aurait eu aucune utilité à les signaler ; et nous aurions démesurément grossi notre mince volume sans un profit appréciable.

Le parti nouveau que nous avons dû prendre ne nous permettait plus d'interrompre la narration de l'auteur par les commentaires dont nous l'avions entremêlée dans notre travail précédent. Toutefois, nous n'avons pas cru devoir supprimer tout à fait les réflexions et les rapprochements à l'aide desquels nous avons cherché à nous rendre compte de la véracité du biographe. Nous les avons rejetés dans les notes, presque sans y rien changer.

Enfin nous avons ajouté, mais avec sobriété, quelques détails biographiques sur les personnages nommés dans la *Vie de l'Éminentissime cardinal Jules Mazarin*, et quelques éclaircissements sur les faits rapportés par le biographe. Nous avons reproduit plusieurs documents officiels ou rares, ou nécessaires à la complète intelligence du texte, et aussi un assez long extrait d'un testament supposé du cardinal. Surtout nous avons donné la traduction d'une lettre de l'évêque de Fréjus sur l'arrestation des princes en 1650. C'est une pièce, à notre sens, fort curieuse et qui nous était restée jusqu'à présent inconnue.

Un mot seulement, pour terminer, sur l'écrit du biographe inconnu. Ou nous nous trompons fort, ou c'est un document digne de la plus sérieuse attention. Nous ne prétendons pas certes que tout doive en être accepté de confiance ; mais nous estimons qu'on peut en tirer un très-utile parti pour l'étude du caractère de Mazarin et pour l'explication de sa merveilleuse fortune.

SOMMAIRE

DE LA VIE DE L'ÉMINENTISSIME
CARDINAL MAZARIN.

VIE

DE L'ÉMINENTISSIME

CARDINAL MAZARIN.

BIBLIOTHÈQUE IMPÉRIALE IMPR.

ES moindres marques de la volonté des grands sont des commandements exprès pour leurs serviteurs. Moi qui fais profession d'être l'un des plus dévoués au service de Votre Altesse, dès que j'ai connu son désir d'avoir d'amples informations sur l'origine, les mœurs et la manière de vivre du cardinal Mazarin, depuis le jour de sa naissance jusqu'à présent, je me suis empressé d'obéir et autant que le permettent mes foibles facultés, avec toute l'exactitude possible. A cause donc des infinies et ineffaçables obligations que je reconnois avoir à Votre Altesse et à sa maison toujours auguste, pour ma plusgrande satisfaction aussi, j'ai pris un soin

1

tout particulier de me rappeler les choses dont
j'ai été témoin pendant le cours de tant d'années dans ma jeunesse en la compagnie du sujet dont j'ai à vous entretenir. J'ai en outre eu
la précaution de me faire rendre par d'autres
amis et comme moi, compagnons de Mazarin
à cette époque, un compte vrai de toutes les
choses qui se sont passées de temps en temps
depuis son enfance et sa jeunesse jusqu'à ce
moment que la fortune l'a élevé à des dignités
si éminentes.

J'ai beaucoup d'événements à vous raconter;
et je suis embarrassé de savoir quels sont ceux
dont je pourrai vous faire le récit, sans m'exposer à ce qu'ils soient déjà bien connus de
Votre Altesse. C'est pourquoi j'éprouve plus de
difficultés à commencer qu'à finir ma relation.
Mais je me souviens que je me suis engagé
seulement à vous présenter une narration brève
et succincte ; si en effet je devois m'appesantir
avec soin sur toutes les choses dont je suis informé, j'en composerois un gros et ennuyeux
volume dont la lecture demanderoit plusieurs
jours, au lieu de quelques pages qu'on puisse
parcourir en peu d'heures pour passer le temps.
Je me borne en conséquence aux faits les plus
importants, à ceux qu'aucun autre ne pourroit
vous exposer et qui sont dignes d'être portés
à la connoissance de Votre Altesse.

Cependant je proteste que quand je mettrai en scène, en son lieu et en son temps, le personnage que j'ai à vous présenter, ce sera toujours avec le caractère qui lui appartient. De même qu'un peintre habile fait au moyen de l'obscurité de l'ombre et des traits noirs du dessin ressortir l'éclat et la beauté de ses tableaux, ainsi je montrerai au vif par de tels souvenirs la sublimité du degré où l'a porté la grandeur de son mérite.

Pierre, fils de Jules[1], naquit dans le royaume de Sicile, à Castel-Mazarino, d'où lui est venu le surnom de Mazarin qu'il se donna. Comme son père étoit artisan aisé, il fut envoyé à l'école pour y apprendre les lettres. Il y fit de tels progrès qu'il devint enfin assez savant dans la langue latine pour exercer la profession de notaire et plaider quelques petites causes; s'élevant ainsi à une condition qui donnoit à la fois en ce lieu réputation et profit. C'étoit un homme de taille moyenne, de forte charpente, et plutôt gras que maigre; aux cheveux noirs, au teint brun, au maintien composé; assez spirituel, aimant le repos et très-médiocrement pourvu des biens de fortune.

Considérant que son revenu, même augmenté des émoluments de son emploi, ne suffisoit pas pour le faire vivre, pensant d'ailleurs que sa condition n'étoit pas égale à son mérite, après la mort de son père Jules, il reprit la dot de sa mère malgré l'opposition des créanciers qui lui disputoient l'héritage paternel. Puis il vendit ses meubles, avec l'espérance de changer de fortune en changeant de pays.

Ainsi, muni de quelque argent, il se mit en route et prit par mer le chemin de Rome où il résolut de s'établir. Il comptoit bien trouver des ressources dans la ville éternelle ; car il connoissoit le proverbe qui dit que Rome n'a jamais été une marâtre pour aucun homme.

Bien que plusieurs personnes de qualité lui eussent remis des lettres de recommandation pour le connétable Colonna[2], il ne se hâta pas de les présenter dès son arrivée. Il loua une chambre garnie ; et il y resta quelques semaines à observer la cour, ne se donnant d'autre occupation que d'examiner si dans le choix d'une profession, il valoit mieux pour lui se confier à ses propres forces ou se mettre au service d'un grand seigneur. Enfin, après avoir mûrement réfléchi, il jugea, avec le conseil de ses amis, qu'il lui seroit plus avantageux de manger le pain d'autrui que le sien.

En conséquence, il se rendit à l'audience du connétable. Il lui présenta ses lettres, lui exposa ses besoins, et sollicita respectueusement, de la bonté du prince, la faveur d'un emploi. Justement une place de chambellan

(*cameriere*) étoit vacante alors dans le palais
Colonna. Pierre plut au connétable, qui le retint aussitôt à son service; signe manifeste et
certain de la bonne fortune qui l'attendoit à
Rome, puisque sans aucune brigue, il étoit entré, au premier mot, dans la maison d'un des
plus grands princes romains.

Il y demeura toujours estimé, toujours
aimé de tous, exerçant ses fonctions pendant
plusieurs années à l'entière satisfaction du connétable, qui lui témoignoit beaucoup d'affection et l'employoit dans ses affaires de famille
et dans ses relations personnelles; par exemple,
à revoir ses comptes, à solliciter dans les procès civils, à porter des messages à des prélats.
Pierre remplit constamment ces divers soins
avec une grande habileté.

Le connétable tenoit à ce que ses domestiques fussent mariés, probablement afin de s'assurer à la fois de leur assiduité et de la régula-
rité de leur conduite. Il donna à Pierre, qui
s'étoit décidé à prendre femme, une demoiselle,
de la famille Buffalini[3], sa filleule, c'est-à-dire
qu'il avoit tenue sur les fonts de baptême et
qu'il étoit à cause de cela particulièrement
obligé de protéger, avec une dot plus que proportionnée à la fortune et à la naissance du
fiancé. La jeune fille étoit très-belle et très-ver-
tueuse. Pierre en eut un grand nombre d'en-

fants, entre autres deux fils et quatre filles, que je connois. Il en sera parlé en temps et lieu, principalement de l'aîné.

Pendant que la famille de Pierre augmentoit, ses dépenses augmentoient aussi, de sorte que ses revenus et les émoluments de sa place n'y suffisoient plus. Son maître lui confia alors l'administration d'une terre où il se comporta avec tant de sagesse qu'il sut contenter également le prince et les sujets. Le connétable, en récompense, le maintint dans ces fonctions pendant bien des années, l'envoyant, suivant le besoin et les circonstances, tantôt dans l'un, tantôt dans l'autre de ses domaines. Par sa conduite habile et prudente, Pierre, toujours plus aimé de son maître, se vit bientôt assez riche pour économiser plusieurs centaines d'écus qui le mirent en état de soutenir sa famille dans une grande aisance. Aussi, malgré l'éclatante fortune de son fils le cardinal Jules Mazarin, il ne cessa jamais de faire sa cour et de rendre tous les devoirs et tous les respects imaginables aux princes, fils du défunt connétable, et particulièrement au cardinal Colonna, reconnoissant que sa prospérité ne lui étoit venue de rien tant que de la faveur de cette maison. Le mariage de ses filles et petites-filles, l'élévation de ses deux fils cardinaux, dont l'un étoit premier ministre et tuteur du roi de

France, l'autre archevêque d'Aix avec quarante mille écus de rente, et de plus vice-roi de Catalogne, ne produisirent aucun changement dans ses habitudes. Il ne laissa jamais paroître à l'extérieur la joie qu'un autre auroit montrée[4] ; ce qu'on expliqua par sa grande sagacité ou sa grande prudence, suivant qu'on le jugea retenu par l'incertitude des événements futurs, ou qu'on pensa qu'il s'appliquoit à renfermer les sentiments dont son cœur étoit plein[5].

Entre les enfants de Pierre, Jules fut l'aîné, qui porta le nom de son grand-père, mais avec une fortune incomparable. Il naquit à Rome, dans la rue de Trevi, sur la paroisse des saints Vincent et Anastase[6]. La notoriété publique atteste qu'il parut en naissant enveloppé d'une pellicule subtile, semblable à une pelure d'oignon[7], dont un préjugé populaire fait le pronostic d'une haute fortune. Il se plaisoit à le rappeler lui-même, et il en tiroit un favorable augure. Ses parents l'aimoient plus que tous leurs autres enfants, et avec raison ; car c'étoit un jeune homme d'un visage charmant, de manières agréables, gracieux, agile, vif, aimable, poli, d'un esprit pénétrant, d'une humeur enjouée, habile à dissimuler, en un mot, apte à toutes choses. Il commença dès son enfance, il n'avoit en effet pas atteint l'âge de cinq ans, à réciter en public ces petits sermons qu'on a coutume d'entendre à Rome dans l'oratoire des pères de Saint-Philippe de Néri, dans l'église nouvelle et sur le mont de Saint-Onuphre[8]. Il y réussissoit si bien et y déployoit tant de grâces qu'il ravissoit les cœurs de tous ceux qui l'écoutoient. Il gagna dans ces exercices l'affection publique, qui depuis ne l'a plus abandonné. Je puis certifier à Votre Altesse que la renommée de ce jeune talent étant venue jusqu'à un certain Labia, Vénitien qui habitoit Rome et qui étoit fort riche, celui-ci s'informa de la fortune de Pierre Mazarin ; et parce qu'il apprit qu'elle suffisoit à peine aux dépenses de la maison, à l'entretien et aux frais des études de l'enfant, il fit à Jules, pour le mettre en état de fréquenter les écoles et de s'avancer dans la connoissance des lettres, une pension mensuelle de dix écus qui étoit payée toujours avec une scrupuleuse ponctualité. Il ne manqua pas de bonnes âmes qui attribuèrent cette pieuse action de Labia à un tout autre motif que celui de cultiver cette plante délicate dans le jardin de la science et de la vertu. Les pères de la Compagnie de Jésus, dont Jules suivoit les leçons, ravis de l'heureux génie et des manières gracieuses du jeune homme, employèrent tous les moyens pour l'attirer dans leur Société. Ils lui firent les plus belles promesses et lui décernèrent les prix et les récompenses destinés aux meilleurs élèves; mais ils ne réussirent pas à le persuader. Son cœur resta insensible à leurs caresses. A la fin même, leurs efforts réitérés n'eurent d'autre résultat que de le décider à sortir de leurs écoles, à abandonner ses études et à se livrer à une conduite peu régulière dans la fréquentation d'une jeunesse dissipée [9].

Jules se mit en effet à fréquenter les jeux publics et privés; non-seulement les jeux de table et autres récréations semblables, mais encore les jeux de cartes, de dés et autres que la raison condamne, que réprouve la morale. Il devint si expert, particulièrement aux jeux de cartes, que son habileté, jointe à sa bonne fortune, lui gagna des sommes considérables qui payèrent largement le luxe de sa toilette. Il portoit de riches et somptueux habits, avec des anneaux d'or et des diamants; il étoit, en un mot, amplement pourvu de toutes les choses nécessaires à l'ornement de sa personne et dont il se paroit pour avoir accès auprès des grands et des princes, dans l'espérance de trouver des occasions favorables à l'exercice de ses talents. Son adresse au jeu avoit atteint un degré de perfection vraiment extraordinaire; et à ce propos je ne puis m'empêcher de raconter un trait d'agréable plaisanterie qu'il fit dans la ville de Livourne à un capitaine, son adversaire dans une partie de cartes. Ce capitaine ayant, par forme de badinage, étendu sa main sur l'argent de Mazarin, il en escamota un dou- blon. Jules parut étonné du tour et feignit de ne pas le comprendre. « Je vous prie, sei- gneur capitaine, dit-il, de ne point faire de ces choses-là entre nous. Il faut que nous jouions en toute honnêteté. Autrement je vous jure par les Saintes Lettres (au même instant il allongea le bras au-dessus d'un monceau de doublons qui étoit de l'autre côté de la table), je vous jure que nous ne serons plus amis. » Ce disant, il enleva dix doublons sans que per- sonne s'en aperçùt. Il les fit ensuite voir dans sa main à l'assistance et les rendit au capitaine, qui resta confus. D'après cette anecdote, on peut juger des avantages que Mazarin avoit au jeu. Il étoit alors capitaine, comme on le ra- contera ailleurs. Il se montroit toujours facile, aimable, désintéressé, égal de caractère. Il dé- pensoit l'argent grandement; et il avoit l'ha- bitude de dire que le ciel est le trésor d'un homme généreux.

Mais comme la fortune est changeante, quelquefois il arriva qu'elle lui tourna le dos. Ainsi, un jour il fut mis complétement à sec. En ce temps-là justement, chose qui d'ailleurs se renouvela en plus d'une occasion, il avoit déposé pour gages, chez un juif, ses bijoux et ses plus beaux habits. Il ne lui restoit plus qu'une culotte de soie. Pressé par le besoin, il finit par l'engager également. Il reçut donc quatre ou cinq testons qu'il hasarda au jeu avec tant de bonheur que non-seulement il put rembourser le juif, mais encore il eut de profit une grosse somme d'argent avec laquelle il continua de tenter le sort des dés et des cartes. Ce que je viens de dire, je puis l'affirmer de science certaine; car j'étois avec lui quand il envoya retirer ses habits et ses bijoux [10].

Les inclémences du jeu, qui plusieurs fois lui avoient ravi jusqu'à son dernier écu, comme il me l'a raconté lui-même, avoient jeté Mazarin dans un trouble si grand, qu'il n'avoit de repos ni jour ni nuit. La vie irrégulière qu'il menoit lui étoit à charge; et il désiroit rencontrer une occasion de quitter Rome pour quelque temps, afin que, revenant après avoir détruit en lui le vieil homme, il pût rentrer dans la bonne vie. Ce fut comme un coup du sort qu'en ce temps-là le connétable Colonna résolut d'envoyer à la cour d'Espagne son fils Girolamo [11]. Pierre Mazarin, de son côté, cherchoit un moyen d'enlever Jules à ses mauvaises habitudes. Il l'offrit au jeune prince, qui l'accepta volontiers pour un de ses chambellans (*càmeriere*), parce qu'il le trouvoit d'agréable figure et qu'il le connoissoit comme un des familiers de la maison.

Girolamo partit donc de Rome, emmenant Jules à Madrid avec lui. Celui-ci se vit bientôt, à cause de ses aimables qualités, accueilli avec faveur à la cour. Il passoit ses journées dans les plaisirs; mais, quoiqu'il regrettât les pernicieux passe-temps des dés et des cartes, il s'en abstenoit néanmoins, parce que l'argent lui manquoit et qu'il ne pouvoit plus recourir au juif qui lui faisoit des avances sur ses habits et sur ses bijoux. D'ailleurs, il n'auroit pas paru devant son maître dans une tenue moins éclatante et moins riche que de coutume sans être réprimandé vertement. Cependant il ne put pas éviter son destin. Un jour qu'il avoit exposé aux chances du jeu le peu d'argent qui lui restoit, du premier coup de dés il perdit tout. Il en eut un chagrin si profond que, malgré son talent de dissimulation et quelque effort qu'il fît pour paroître joyeux, il ne put cacher les ennuis dont il étoit accablé.

Dans ces occasions, il avoit coutume de s'écrier : « Oh ! que l'homme est bête sans argent [12] ! » Étant donc mélancolique et triste après la perte dont nous venons de parler, il vit venir à lui une de ses connoissances de Madrid, un certain notaire, qui, frappé de la pâleur de son visage, lui en demanda la cause, l'interrogeant avec bienveillance sur la raison d'un état si peu naturel dans un jeune homme, protestant de son désir de le servir, le conjurant d'avoir confiance en ses assurances, dans la supposition que l'éloignement où Jules étoit de sa patrie pouvoit le priver de l'aisance et du bien-être auxquels il étoit habitué : « Par exemple, lui dit-il, si vous manquiez d'argent, vous auriez tort de ne pas vous adresser à moi qui serois si heureux de vous donner une preuve de mon affection. » Mazarin lui répondit aussitôt qu'en effet le courrier de Rome, par lequel il attendoit une somme considérable pour une affaire pressante, le mettoit dans l'embarras; qu'il en éprouvoit une contrariété d'autant plus grande qu'il ne devoit pas en parler à son maître, et qu'il ne connoissoit à Madrid personne qui pût l'assister d'une douzaine de doublons; que tant qu'il n'auroit pas reçu les fonds qui lui étoient annoncés, il seroit nécessairement soucieux et mélancolique. La seule vérité étoit qu'il n'avoit pas d'argent. Quant au reste, c'étoit une de ses inventions pour faire croire à sa richesse. Il se promettoit d'obtenir ainsi l'argent qu'il méditoit de jouer d'abord et de rendre ensuite, si le prétendu courrier arrivoit à cheval sur la bonne fortune du jeu.

L'Espagnol, qui tenoit en grande estime l'esprit vif et poli de Jules, qui étoit, comme on dit vulgairement, coiffé du jeune homme, commença à se flatter de l'espérance d'en faire son gendre. Il avoit là-dessus tout un plan pour l'exécution duquel il comptoit sur les services qu'il pourroit lui rendre, et sur la singulière beauté de sa fille unique. Il tira donc de sa poche une bourse pleine de doublons, et la présentant à Mazarin : « Tenez, mon fils, dit-il, prenez cette bourse et servez-vous-en. L'argent qu'elle contient, et celui que j'ai chez moi, sont à votre disposition. Bannissez donc la tristesse de votre cœur. Ne doutez point de mon amitié, non plus que de mon empressement à vous être utile dans des circonstances plus importantes que celle-ci. »

A cette offre si courtoise, Jules opposa d'abord, pour la forme, quelque résistance ; puis, vaincu par les aimables instances du notaire, et plus encore par le besoin, il consentit à prendre seulement dix doublons qu'il promit de rendre aussitôt que le courrier de Rome seroit arrivé. Les deux amis échangèrent après cela quelques paroles de politesse ; et ils se séparèrent.

Jules ne pouvoit pas croire qu'il eût réellement trouvé, dans un pays si éloigné du sien, où il n'avoit aucune connoissance, une personne qui lui eût prêté dix doublons; et quoiqu'il eût dans sa poche les pièces palpables et sonnantes, il en doutoit encore. Son esprit néanmoins se rasséréna. La pâleur disparut de son visage sans qu'il eût eu besoin d'autre remède.

Il courut au tripot. Voyant que la fortune avoit tourné, il sut la saisir aux cheveux. Il doubla hardiment ses mises; et ainsi en peu d'instants il devint possesseur d'une grosse somme d'or. Le souvenir de son état lui fit comprendre qu'il étoit prudent de s'arrêter. Il quitta donc le jeu et retourna tout joyeux chez lui. A peine le courrier de Rome eut-il mis pied à terre que, feignant d'avoir reçu la remise d'argent qu'il attendoit, il alla reporter à l'Espagnol ses doublons, avec force expressions de remercîment et témoignages de gratitude.

Cette exacte restitution confirma le notaire dans l'opinion où il étoit, que chez Mazarin les biens de fortune accompagnoient les qualités de l'esprit. Il n'en fut que plus ardent à poursuivre son projet de mariage qui lui paroissoit d'une réalisation d'autant plus facile que sa fille étoit belle, qu'il se proposoit de lui donner une dot considérable, et qu'il devoit lui laisser en mourant des richesses plus considérables encore.

Son désir devenoit tous les jours plus vif.

Pour en hâter l'accomplissement, il prêtoit la main à l'amour honnête de sa fille et de Jules et permettoit toutes les faveurs qui se peuvent accorder entre fiancés. La jeune fille étoit une fine mouche qui savoit bien attraper l'oiseau à la glu. Aussi Mazarin, de plus en plus amoureux, ne pouvoit trouver de repos ni le jour ni la nuit.

Voyant ce grand feu, l'Espagnol avisé ne perdit pas un moment pour frapper le dernier coup ; persuadé d'ailleurs que Mazarin ne pouvoit pas trouver un parti plus sortable d'après l'adage : *Si vis nubere, nube pari*, puisque aussi bien les jeunes gens étoient issus de deux notaires, l'un Espagnol, l'autre Sicilien [13].

Restoit à obtenir le consentement de Girolamo Colonna, maître de l'époux. Jules épioit l'occasion avec un soin impatient ; et un jour, croyant l'avoir trouvée, il employa toute son adresse à la saisir. Il peignit sa fiancée comme un miracle de beauté, vanta la noblesse du père, la magnificence de la dot, l'opulence de l'héritage. Il grossit et amplifia le tout pour tâcher d'éblouir les yeux du prince, et finit par le presser de consentir à son bonheur, promettant d'en garder une éternelle reconnoissance.

Girolamo, prudent et rusé, qui lui portoit une affection plus qu'ordinaire, vit bien qu'il étoit dans les filets de la belle. Il en eut pitié. Il ne voulut pas le désespérer par un refus absolu. Il prit donc prétexte d'une affaire importante qu'il avoit à Rome, qui demandoit la présence d'une personne de confiance, et dont il avoit l'intention de le charger : « Faites promptement vos préparatifs de départ, lui dit-il. Il y va même de l'intérêt de votre mariage; car vous verrez votre père qui ne vous refusera sans doute pas son consentement; et à votre retour vous pourrez contracter cette alliance avec plus de satisfaction et d'avantage, en même temps que vous trouverez votre future plus empressée. »

Les raisons du prince ne déplurent pas à Mazarin, qui se hâta de prendre la route de Rome.

Il fit le voyage sans voir la route, tant il étoit abandonné à sa passion. Il avoit tant de hâte de retourner pour jouir de l'objet aimé, qu'une heure lui en paroissoit mille.

Arrivé dans la cité pontificale, il alla tout de suite chez le connétable; et après lui avoir remis ses dépêches, il se rendit auprès de son père, qu'il entretint de ses espérances de mariage avec l'enthousiasme d'un amant. Il le pressa de lui permettre de retourner à Madrid et d'y conclure l'affaire. Il avoit déjà, disoit-il, la permission de son maître; et l'occasion étoit bonne puisqu'il s'agissoit d'une alliance noble, d'une jeune personne parfaitement belle et d'une dot considérable. Bref, il sut si bien colorer son projet que son père, bien qu'il le connût enclin à l'hyperbole, promit à la fin d'y consentir. Il étoit à peine sorti triomphant de cet entretien que le connétable le fit appeler. Ce prince, averti par son fils, vouloit railler le pauvre Jules; et en effet il le salua avec ironie du titre d'époux; mais, après l'avoir ainsi plaisanté pendant un demi-quart d'heure, il changea de ton tout à coup. Son langage, d'abord facétieux, devint sévère et rude. Regardant de travers l'infortuné, il lui défendit absolument de parler de ce mariage, d'y songer même, de quitter Rome sous aucun prétexte; pour terminer, il lui commanda de changer de vie et de reprendre le cours de ses études s'il ne vouloit encourir les effets de son indignation. Cela dit, il lui tourna le dos[14].

La mortification que lui avoient causée les paroles du connétable, jeta Jules dans un abîme de confusion. Il ne savoit quel parti prendre. A la fin il partit du palais Colonna et alla se cacher dans sa chambre comme une poule mouillée. Il s'y tint enfermé sept jours durant, sans voir qui que ce fût, fatiguant son cerveau à bâtir des châteaux en Espagne, et ne se donnant de repos d'aucune sorte, si ce n'est que quand il étoit épuisé et haletant, il se jetoit sur son lit, où toutes choses lui sembloient dormir. C'est pourquoi il avoit coutume de dire qu'il n'y a pas de meilleur compagnon que le lit.

Quand il plut à Dieu, il sortit de chez lui, mais plus posé et moins sémillant qu'à l'ordinaire. Il pensoit au moyen de regagner, s'il le pouvoit, le temps perdu, et de satisfaire enfin son père et le connétable. Il n'en trouva pas de meilleur que de reprendre ses études, auxquelles il se livra avec tant d'application et d'activité qu'il en étonnoit tous ceux qui le connoissoient. On ne vouloit pas croire que cela pût durer.

En ce temps-là les pères de la Compagnie de Jésus se préparoient à représenter la Vie de saint Ignace, leur fondateur. Ils avoient besoin d'un sujet capable de jouer le rôle du saint, qui étoit le principal et aussi le plus difficile de la pièce. Pensant que personne ne le rempliroit mieux que Mazarin, ils lui proposèrent de s'en charger; mais il les refusa d'abord absolument, dans la crainte de ne pouvoir le rendre avec toute la perfection désirable dans une œuvre aussi grave. Il ne vouloit pas s'exposer à perdre devant une assistance qu'il savoit devoir être composée en partie de prélats, de princes de la cour romaine et d'ambassadeurs des couronnes, la réputation qu'il avoit acquise d'ex-

cellent acteur. Cependant les plus qualifiés
d'entre les pères parvinrent à le rassurer, si bien
qu'il accepta.

Le jour de la représentation, il récita son
rôle d'une manière si admirable qu'il excita
l'étonnement général. Il s'étoit composé un
costume magnifique, qui, en même temps qu'il
convenoit au héros de la pièce, le faisoit paroître avec tous ses avantages [15].

Son succès lui rendit les bonnes grâces du
connétable, qui l'exhorta à persévérer dans le
travail et à chercher son avancement avec honneur, puisqu'il avoit reçu de Dieu un si beau
génie, et qu'il désiroit revêtir la robe longue,
ainsi qu'il le répétoit souvent. Il disoit, en effet :
« Si j'étois admis à prendre la robe longue, je
sais bien où j'arriverois ; » entendant qu'il s'é-
lèveroit à la prélature. Il se mit donc sous la
direction du frère Cosme Fideli [16], Florentin,
docteur célèbre à cette époque et premier lecteur de la Sapience de Rome. Il étudia tous les
jours assidûment, de sorte qu'en peu de temps
il devint docteur en l'un et l'autre droit [17].

Il paroît que Jules mena rondement son
titre de docteur, plutôt pour complaire au connétable que pour tout autre motif ; car le pape,
faisant en ce temps-là passer des troupes dans
la Valteline, il envoya promener les livres, et
prit une commission de capitaine d'infanterie.

Il fit alors, avec sa compagnie, quelque séjour à Lorette et à Ancône. Encore qu'il ne pût savoir de l'art de la guerre que ce qui s'en apprend par la théorie, il montra pourtant, dans l'exercice de ses fonctions, la supériorité de son esprit et un grand talent pour discipliner les soldats [18].

Je ne sais combien de temps après, la maison Colonna s'allia à la maison Barberini par le mariage de donna Anna Colonna avec don Tadeo Barberini, neveu du pape Urbain VIII, alors régnant [19]. A cette occasion, Girolamo, frère de donna Anna et maître de Mazarin, reçut l'archevêché de Bologne avec la pourpre. Lorsqu'on envoya dans le Montferrat Pancirolo [20] en qualité de légat *a latere* pour traiter de la paix entre les deux couronnes (de France et d'Espagne), dont les puissantes armées étoient près d'en venir aux mains sous les murs de Cazal, il obtint que Jules seroit attaché à la légation à titre de secrétaire.

Alors le général du roi catholique étoit le marquis de Santa-Cruz, petit génie, mais homme de bien et craignant Dieu. Son armée étoit forte et nombreuse. Les François en avoient une plus forte et plus nombreuse encore. Des deux côtés, on étoit prêt pour la bataille. Le légat apostolique cependant négocioit la paix avec un grand zèle ; et Mazarin, comme secré-

taire, alloit incessamment d'un camp à l'autre
pour hâter la conclusion du traité. Il ne fut pas
longtemps à s'apercevoir que le marquis avoit,
et une peur violente de perdre son armée, et
un ardent désir d'en venir à un accommodement. Comprenant tout le parti qu'il pouvoit
tirer de cette foiblesse, il pressoit le général espagnol d'entendre à un arrangement pacifique,
lui représentant avec exagération que les François étoient de beaucoup supérieurs à leurs
adversaires par la force et par le nombre; qu'on
avoit peine à contenir leur furie; et que si la
bataille étoit livrée, il n'y avoit pas le moindre
doute qu'ils n'en sortissent victorieux. Il ajou-
toit qu'outre la considération du notable dommage qu'en souffriroit la couronne d'Espagne,
il étoit aussi à propos de songer à tant de
braves gens qui seroient envoyés à une mort
certaine. Le marquis de Santa-Cruz recevoit
des discours de Mazarin une telle impression,
qu'il les tenoit pour paroles d'Évangile; en sorte
que, mû de compassion à la pensée de ses soldats sacrifiés, en homme plus habitué à ma-
nier un bréviaire qu'une épée, il promit solennellement de souscrire aux conditions proposées
par le général de l'armée françoise. Jules alors,
pour couper court à toute difficulté nouvelle,
s'avisa d'un pieux et curieux stratagème : il
prit la croix du légat apostolique, sauta sur un

cheval et parcourut le camp espagnol dans tous les sens, en criant : « La paix ! la paix ! » A ce mot si ardemment désiré de paix, à ce cri qui partoit de la bouche du ministre du père commun des fidèles, à la vue de la sainte croix, l'armée entière se sentit saisie d'une certaine tendresse de cœur ; elle applaudit, et cria à son tour : « La paix ! » Si bien qu'emporté en quelque sorte par l'agitation et l'élan des soldats, l'accommodement se trouva conclu au grand détriment de l'Espagne et à l'avantage non moins grand de la France, ainsi que cela est connu de tout le monde, et particulièrement de Votre Altesse [21].

Le stratagème de Mazarin produisit une paix si avantageuse au Roi Très-Chrétien et au cardinal de Richelieu, que celui-ci en regarda l'auteur comme un des capitaines les plus résolus, et un des plus beaux génies qu'il y eût en Italie, comme un homme inépuisable en ressources, fécond en ruses et stratagèmes militaires, et qu'il conçut un vif désir de le connoître personnellement. Il le manda donc à Paris [22], où Jules se rendit avec un plaisir inexprimable, non-seulement parce qu'il espéroit recevoir la récompense de son service, mais encore parce qu'il avoit toujours eu un penchant décidé pour la France. Il l'accueillit, aussi bien que le roi, avec de grandes démonstrations

d'affection, l'engagea, par les plus belles promesses, à suivre la cour, et lui fit donner une
chaîne d'or avec un portrait de Louis XIII, des
bijoux, et une épée d'une valeur considérable.
Ainsi chargé de faveurs et d'espérances, Jules
repassa les monts en grande pompe, non sans
avoir promis au cardinal de retourner prochai-
nement auprès de lui.

Richelieu, l'Atlas de la France, se sentant
accablé par l'âge et par les affaires, bien qu'il
fût infatigable au travail, songeoit à choisir un
sujet capable de l'aider à porter le fardeau du
gouvernement. Mazarin lui parut être l'homme
qu'il cherchoit. Il lui trouvoit une intelligence
prompte, pénétrante, étendue ; et il ne doutoit
pas qu'en peu de temps il ne réussît à l'instruire
si bien, qu'il pût lui laisser la direction de
l'État, si d'une manière ou d'une autre il venoit lui-même à manquer : ce profond génie
comprenoit qu'il n'importoit pas moins à sa
gloire de se donner auprès du roi un successeur
digne de lui, que d'élever la prospérité et d'augmenter la puissance de la monarchie. Il ne
croyoit rencontrer en personne plus qu'en
Mazarin les qualités nécessaires pour tenir sa
place et continuer son règne [23].

Jules, retournant de France en Italie, son
bon génie voulut qu'il passât par le Montferrat. Il y fit la rencontre d'un prêtre qui avoit

trouvé un rosaire composé de pierres précieuses. Le prêtre, ignorant des choses de ce genre, ne voyoit que du verre dans les grains du rosaire, qui, en effet, n'avoient aucun éclat, enveloppés qu'ils étoient encore du limon de la terre dans laquelle ils avoient été enfouis. Il faisoit peu de cas de sa trouvaille. Il l'offrit à Mazarin pour une somme très-modique. Celui-ci, qui en connoissoit mieux la valeur, consentit aisément à l'acheter ; et l'ayant placé parmi ses bijoux, il remercia le ciel de la bonne fortune qui lui arrivoit d'une manière si inattendue.

Le rosaire se partageoit en six dizaines. Il étoit assez gros, et formé de trois sortes de pierres : de magnifiques émeraudes pour les *Ave Maria*; de superbes saphirs pour les *Pater noster*, et pour la croix, de diamants d'un grand prix. Il valoit bien au moins dix mille écus [24]. Arrivé à Rome, Mazarin, après avoir vendu les présents du roi de France, le fit nettoyer et remonter, en sorte que le riche rosaire reparut dans toute sa splendeur. Il n'en trouva pourtant pas une somme proportionnée à l'estimation qu'il en avoit faite. Il songea alors à le porter à Paris, où il ne doutoit pas qu'il ne s'en défît avec plus d'avantage. Ayant donc laissé à son père assez d'argent pour marier ses sœurs, il fit provision d'objets de sculpture qu'il se proposoit d'offrir à Louis XIII et à Richelieu, mit ordre à ses affaires, et partit, riche des espérances que lui avoit données le cardinal. Son premier soin, dès son arrivée dans la capitale françoise, fut de se présenter chez cette Éminence qui lui fit l'accueil le plus affectueux, et l'introduisit auprès du roi dont il fut reçu également avec une grande bonté. Toutefois, avant de s'adonner à aucune affaire qui touchât aux intérêts de l'État, il fit montre de son rosaire [25], et réussit bientôt à le vendre plus qu'il ne l'avoit estimé. L'argent qu'il en retira fut envoyé à Rome et servit à acheter certaines charges de la chancellerie apostolique, dont les revenus le mirent ensuite en état d'entrer dans la prélature [26].

Le cardinal de Richelieu se plut à retenir Jules auprès de sa personne, et à lui confier plusieurs missions très-honorables. Il lui donna enoutre, avec complaisance, des instructions sur la manière de se gouverner à la cour. Celui-ci s'en pénétra avec tant de promptitude, et les suivit avec tant de sagesse, que Son Éminence en fut heureuse et étonnée; heureuse de la rencontre qu'elle avoit faite d'un sujet selon son cœur; étonnée de la vive et facile intelligence qui paroissoit dans son élève.

Un jour, le roi allant à la chasse avec une

suite nombreuse de ducs, de pairs et de gentilshommes, il emmena Mazarin, pour qui il
s'étoit pris d'une particulière affection. Il le retint presque constamment à ses côtés, non pas
tant parce que la conversation du jeune Romain lui étoit agréable, qu'afin de le mieux observer, et de s'édifier ainsi sur ce qu'il pouvoit
s'en promettre; car il avoit résolu de l'employer dans les grandes affaires du gouvernement. Le roi, toujours suivi de sa noblesse,
arriva dans un village où un mariage venoit
d'être célébré, et où, suivant l'usage du pays,
on dansoit et on s'amusoit. Il fut invité par la
mariée; et plusieurs seigneurs après lui par les
jeunes filles de la noce. Mazarin étoit du
nombre. Les danses commencèrent au signal
donné par Sa Majesté, qui se prêta gaiement à
la circonstance. Elles reçurent de l'exemple du
roi une vive impulsion. Jamais noces villageoi-
ses n'avoient été mieux fêtées. Quand le bal
fut fini, pendant qu'on se reposoit, la mariée
prit une coupe, et fit le tour de l'assistance, re-
quérant de chácun, ainsi qu'il se pratique
dans les campagnes, un don, gage à la fois
d'amitié et présage de bonheur. Le roi déposa,
le premier, dans la coupe, un joyau d'un
grand prix. Les bagues et les bijoux y tombèrent ensuite de toutes mains, jusqu'à ce que la
jeune femme arrivât à Mazarin, qui ne trouvant

pas autre chose à donner, y mit une bourse de doublons. L'heureuse mariée, contente d'avoir trouvé une pareille fortune et de si riches dons, remercia Sa Majesté et les gentilshommes qui l'accompagnoient; après quoi elle se retira fort satisfaite. Le roi étoit fort désireux de connoître la qualité et la valeur du présent de Mazarin. Il fit appeler la mère, qui tenoit encore sur elle le produit de la quête; et, l'ayant interrogée, il apprit que la bourse de doublons représentoit une somme plus considérable que le joyau de Sa Majesté. Il en resta singulièrement étonné. De ce moment il regarda Jules comme un homme d'un désintéressement admirable et d'un grand cœur. Il lui sut tant de gré de cette libéralité, qu'il redoubla d'affection pour lui. Mazarin, cependant, faisoit semblant de ne rien voir, quoiqu'il s'appliquât à découvrir la pensée du roi. Il ne se tenoit pas seulement sur ses gardes; il cherchoit encore l'occasion de se montrer magnanime, libéral, capable en un mot de toute action grande et généreuse.

Il advint un jour qu'il s'établit dans le palais du roi, entre des dames et des gentilshommes, une partie de cartes qui faisoit rouler une énorme quantité d'or. Mazarin fut invité à y prendre place. Il accepta pour ne pas désobliger les dames, et surtout parce qu'il espéroit que la reine s'y feroit voir. Le jeu commença modérément; mais peu à peu il augmenta, et il en vint enfin à ce point que la table étoit couverte de centaines de milliers d'écus. La fortune favorisa Mazarin, qui sut la ménager avec tant d'habileté qu'en peu d'heures plusieurs dizaines de milliers d'écus passèrent de son côté. Le bruit s'en répandit aussitôt à la cour. On accourut en foule pour voir la masse d'or qu'il avoit devant lui. La reine, partageant la curiosité générale, ne tarda pas à paroître. Précisément, au moment où elle arriva, Mazarin eut la chance de réussir dans une invite, où, de la perte ou du gain, dépendoit sinon tout, au moins la plus grande part de ce qu'il avoit gagné jusque-là. Il attribua le succès de ce coup si important à la grâce que Sa Majesté lui avoit faite en honorant le jeu de sa royale présence; et, parlant ainsi, il se leva de table avec un profit de quatre-vingts ou quatre-vingt-dix mille écus d'or. Il en distribua dix ou douze mille aux dames et aux gentilshommes qui se trouvèrent là; et il en envoya cinquante mille à la reine qui étoit déjà partie pour aller raconter cette aventure au roi, qui s'en montra fort content. Sa Majesté refusa le cadeau; mais Mazarin étant survenu, il la supplia s instamment, avec des paroles si bien choisies, avec un accent si suave, qu'elle se laissa vaincre, et qu'elle accepta ce grand régal ; je dis grand, par rapport à ce qu'il donnoit plus qu'il n'avoit au monde.

Cette action remplit d'étonnement et d'admiration les courtisans, qui estimoient que Mazarin avoit un cœur de roi, et qui disoient qu'il ne pouvoit y avoir aucun signe auquel on reconnût mieux un tel homme, que le témoignage de son désintéressement. Il y en avoit pourtant qui pensoient d'une autre façon. Ils jugeoient que Jules avoit agi avec calcul ; qu'il avoit entrevu, avec beaucoup de sagacité, l'espérance d'être récompensé au double par la reine, qui ne souffriroit jamais d'être en reste avec un serviteur. C'est en effet ce qui arriva. Peu de jours après, Sa Majesté lui fit don de bijoux qui valoient beaucoup plus de cinquante mille écus d'or. Mais, laissant ce fait pour ce qu'il est, je conclus que, par ces moyens, ces bonnes occasions, ou, si l'on veut, ces astuces, il s'affermit dans la faveur du roi et de toute la cour de France.

Jules envoya à son père, à Rome, une grosse somme d'argent, et une cassette de bijoux qui servirent à doter[27] ses trois sœurs, lesquelles furent établies, la seconde mieux que la première, et la troisième mieux que la seconde. Une épousa Lorenzo Mancini, issu d'une noble maison romaine, et assez riche. C'est dans son palais que tient ses séances la célèbre Académie des humoristes. Sa famille portoit autrefois le nom de *Lucci*; elle a en effet deux *lucii* (brochets) dans son écusson. Elle a produit plusieurs hommes illustres dans les armes et dans les lettres. Elle s'est appelée ensuite Mancini, parce qu'un certain Mancini lui en a imposé l'obligation en lui laissant son héritage [28]. Une autre sœur fut mariée à Girolamo Martinozzi, de Fano, l'un des principaux gentilshommes de cette ville, et fort avantagé des biens de la fortune. Une autre enfin fut unie à G. Francesco Muti, noble romain qui jouissoit de richesses considérables, et dont elle n'a jamais eu d'enfants. Il existe une quatrième sœur, qui, ayant pris le voile à Castel-Gandolfo, a été, par les ordres de Sa Sainteté, et sur les instances de Mazarin, transférée au monastère de Sainte-Marie au Campo-Marzo [29].

Ayant établi ces deux sœurs, et s'étant mis, comme je l'ai dit, en prélature, Mazarin s'affermit dans la pensée de servir la Couronne, dont la faveur pouvoit le conduire le plus sûrement et le plus promptement à la pourpre, objet constant de son ambition, but invariablement assigné à tous les efforts de son savoir-faire et de son industrie. La cour de France et le cardinal de Richelieu surtout l'avoient bien deviné; mais le puissant ministre, qui l'aimoit d'ailleurs et le jugeoit digne du chapeau, ne croyoit pas le moment venu de lui donner ce suprême contentement. Il n'avoit pas tant de hâte de le combler. C'étoit assez, à son avis, de l'entretenir de belles espérances. Un jour, il lui offrit un évêché de trente mille écus de rente ; mais Mazarin, qui aspiroit plus haut, ne voulut pas courir le risque d'arrêter là sa fortune. Il s'excusa sur ce qu'il n'avoit pas les dispositions convenables pour un tel état, protestant qu'il préféroit à tous les évêchés du monde l'honneur d'être le serviteur de Leurs Majestés et de Son Éminence.

Donc il attendit, et longtemps encore. Bien qu'il se vît traité avec faveur et employé aux plus grandes affaires du gouvernement, il n'étoit pas satisfait, loin de là. Il n'avoit pas la patience de laisser venir l'occasion favorable. Si habilement qu'il cherchât à cacher son empressement et ses dégoûts, il étoit comme percé à jour par la pénétrante perspicacité du cardinal de Richelieu. Il commença alors à renouer correspondance avec la famille Barberini, particulièrement avec le cardinal Antonio, qui l'appela à la cour de Rome, lui promettant auprès de Sa Sainteté un emploi honorable qui le porteroit promptement à la pourpre.

Mazarin, sentant qu'on le grattoit à l'endroit qui le démangeoit, prêta l'oreille à la proposition. La faveur d'un neveu du pape lui parut une voie plus droite et plus courte que celle de la cour de France, où jusque-là ses espérances avoient été trompées. Il demanda en conséquence, et obtint, avec des témoignages de la satisfaction du roi et même du cardinal, la permission de retourner à Rome.

Toutefois le cardinal de Richelieu ne vit pas ce départ sans un vif déplaisir, parce qu'il n'avoit plus Mazarin pour lui aider à porter le poids des affaires, et parce qu'il étoit forcé de renoncer aux projets qu'il avoit formés pour sa future succession. Il ne s'en consoloit que par l'espoir d'un retour prochain. Ce grand homme prévoyoit que Jules ne gagneroit rien à la cour de Rome par la protection des neveux du pape. C'est pour cela qu'il avoit donné son consentement à l'éloignement de son jeune favori, qui prit sa route par Turin, où il reçut de Son Altesse Royale, en passant, le plus bienveillant accueil.

Rendu à Rome, après avoir salué le cardinal Colonna et toute cette illustre maison, il se présenta chez les cardinaux Antonio[30] et Barberini[31], qui lui prodiguèrent les démonstrations de l'amitié la plus tendre. On lui renouvela toutes les promesses précédentes ; on lui obtint l'honneur de baiser les pieds du pape, qui lui fit beaucoup de caresses. Bref,

Mazarin rentra chez lui le cœur rempli d'espoir.

Il n'avoit d'autre soin que de fréquenter le palais, de faire sa cour aux Colonna et aux Barberini, principalement au cardinal Antonio sur la parole duquel il comptoit, et dont il se flattoit, à cause de leur ancienne liaison, d'obtenir la satisfaction de ses ambitieux désirs. En effet, il lui dut le poste de vice-légat d'Avignon qu'il occupa deux ans. Ce temps passé, il revint à Rome, attiré par les mêmes espérances qu'auparavant ; mais sans rien abandonner, il ne laissa pas néanmoins de se montrer à la suite de l'ambassadeur de France. Il ne manquoit à aucune des fonctions et représentations publiques de l'ambassade.

Comme il étoit au plus haut point de ses espérances, et qu'il se tenoit pour certain de recevoir la pourpre par le crédit du cardinal Antonio, il eut avis que Richelieu le rappeloit en France. Il craignit de manquer à sa fortune s'il se rendoit trop promptement à cette invitation. Il répondit donc au cardinal avec beaucoup de ménagement et d'adresse. Il lui exposa d'abord les intérêts et les devoirs qui le retenoient auprès de Sa Sainteté ; il lui représenta le sentiment d'indignation qu'il provoqueroit dans toute la cour pontificale s'il songeoit seulement à s'éloigner ; il exprima ensuite très-vivement le déplaisir qu'il éprouvoit de ne pas être en pouvoir de lui obéir; mais, en même temps, il lui donna à entendre qu'il ne manqueroit pas de retourner un jour en France pour y recevoir les faveurs et les grâces d'une si grande cour. Par ces raisons et par d'autres encore, il déclina l'honneur que lui vouloit faire le ministre de Louis XIII.

Le pauvre Jules resta ainsi, pendant quelques années, bercé par l'espérance. Enfin, ne voyant aucun bon effet de tant de promesses que Barberino lui avoit faites, et qui lui avoient été confirmées par le pape, il commença à entrer en doute, et à se repentir de n'avoir pas accepté les offres de la France, renouvelées tout récemment avec tant de bienveillance par le cardinal de Richelieu. Ces pensées le tenoient dans une agitation d'esprit et une inquiétude extraordinaires qu'il s'efforçoit prudemment de dissimuler[32].

Jules se sentoit consumer en dépenses et en présents. Il étoit en outre fatigué de perdre du temps à suivre la cour. Ses espérances s'en alloient. Il commençoit même à douter de la bonne volonté du pape, dont il savoit qu'on cherchoit à lui aliéner l'esprit; et il craignoit de n'avoir plus rien à attendre du côté de la France. Il auroit alors volontiers entrepris le voyage de Paris; mais l'entrée du royaume ne lui auroit-elle pas été interdite? N'auroit-il pas trouvé sa place occupée? Un signe de Richelieu auroit suffi pour le décider; mais solliciter ce signe, c'eût été s'exposer à un refus. Il étoit de la sorte combattu par des sentiments opposés qui le réduisoient presque au désespoir.

Pendant qu'il étoit ainsi ballotté par la mer de ses pensées, n'osant presque plus se promettre le secours de la fortune, il la vit tout à coup lever la tête au-dessus des ondes, et avec un visage joyeux, lui tendre la main pour l'arracher au naufrage qui sembloit devoir l'engloutir, pour le conduire, plus puissant et plus glorieux, au port si désiré de la cour du Roi Très-Chrétien. Voici comment :

L'ambassadeur de Sa Majesté Très-Chrétienne près de Sa Sainteté le pape Urbain VIII étoit en ce temps-là le marquis de Cœuvres[33]. Ce seigneur avoit, selon la coutume, près de son palais dans la *Strada Giulia*, un tripot où l'on jouoit aux dés et aux cartes. Le tripot étoit loué à un croupier; et le produit de sa location appartenoit à l'écuyer du marquis. C'étoit alors un certain M. de Rouvroy, gentilhomme françois. Le croupier s'appeloit Giulio Bianconi, Romain, homme de bonne extraction. Il payoit un doublon par jour.

Il plut au cardinal François Barberino, à cette époque cardinal patron, d'interdire par un décret tous les tripots. Celui de l'ambassadeur de France se trouvoit naturellement compris dans l'interdiction. Les représentants de toutes les puissances se conformèrent à l'ordre du gouvernement pontifical qui fut observé même par la garde du pape; mais le marquis de Cœuvres prétendit que le cardinal n'avoit pas de droit sur ses gens et que le décret ne le regardoit pas. Son écuyer continua donc de faire jouer au mépris de la prohibition et du cardinal François, se fiant sur les assurances du cardinal Antonio qui fréquentoit le palais de l'ambassadeur, jouoit avec le marquis, avec madame son épouse [34], avec mademoiselle sa belle-fille, fille de l'ambassadrice [35], jeune personne charmante, et soutenoit qu'ils n'avoient point à tenir compte des commandements du patron.

Ce dernier fit dire par un de ses secrétaires à l'écuyer qu'il devoit cesser d'avoir maison ouverte, parce que telle étoit la volonté de Sa Sainteté; que l'ambassadeur de l'empereur, celui du roi d'Espagne et les ministres de toutes les autres puissances avoient fermé leurs jeux; qu'à défaut par lui de se soumettre à leur exemple, il se verroit dans l'obligation de châtier sévèrement Giulio Bianconi, croupier du tripot. Il fit en même temps signifier sa résolution à ce dernier par le chef de la police de Rome.

Rouvroy eut recours à l'ambassadeur, qui en parla au cardinal Antonio, lequel s'entêta à lui conseiller de ne pas céder, promettant que dans le cas où Bianconi seroit recherché par le cardinal François, il sauroit bien le rendre à la liberté.

Sur sa promesse, on continua à faire jouer pendant quelques semaines sans être troublé; mais au moment où on se croyoit à l'abri de toute inquiétude, le croupier s'étant un jour éloigné du quartier de l'ambassadeur, fut appréhendé au corps et par l'ordre du cardinal patron conduit dans la prison de *Torre di Nono*. Malgré la protection du cardinal Antonio, son procès lui fut fait et parfait. Condamné à dix ans de galères, il fut jeté dans les cachots réservés aux galériens.

Bianconi, réduit à cette triste condition pour avoir agi sous la foi du marquis et du cardinal, se plaignoit très-haut, et non sans raison. L'écuyer faisoit de même. Il représentoit au cardinal Antonio que c'étoit sa trop grande confiance en la parole de Son Éminence qui avoit précipité son agent dans des abîmes de misère et qui exposoit le malheureux croupier à être, d'un jour à l'autre, traîné avec la chaîne à Civita-Vecchia. Le cardinal, de son côté, ne pouvoit pas se persuader que son frère lui refuseroit la grâce du condamné, s'il la lui demandoit comme un service. Il répondoit en conséquence à toutes les instances de l'ambassadeur et de Rouvroy qu'il ramèneroit certainement Bianconi chez lui; et il publioit partout qu'il savoit très-bien que telle étoit l'intention du cardinal François.

En attendant, on vit arriver au quai la grosse barque qui a coutume de venir de Civita-Vecchia pour prendre les galériens et les emmener dans cette ville. Le soir même, tous les forçats qui devoient partir le lendemain matin furent marqués, suivant l'usage. Bianconi le fut avec les autres. Il cria alors plus fort que jamais. Il supplia l'écuyer, en pleurant, de presser l'ambassadeur et le cardinal de le faire mettre en liberté. Celui-ci, informé de ce qui se passoit par le marquis de Cœuvres, se hâta de se rendre auprès du cardinal François. Il lui demanda d'abord la grâce de Bianconi; puis il se réduisit à la faveur d'un simple ajournement : il se contentoit de la promesse que ce malheureux seroit retenu à Rome pour ce voyage et ne partiroit pas avec les autres condamnés.

Mais, pour toute réponse, le cardinal François lui tourna le dos. Le refus prenoit ainsi le caractère d'une offense. Le cardinal Antonio en conçut un vif ressentiment. Voulant pourtant empêcher la consommation du mal, qu'il n'avoit pas pu prévenir, il tomba dans un mal plus grand. Il fit appeler le chef de la police et le pria de permettre que le caporal qui avoit la charge d'enchaîner et de conduire les forçats, plaçât Giulio Bianconi au dernier rang et traitât avec moins de rigueur que les condamnés vulgaires le protégé d'une tête couronnée[36], s'il faisoit quelque cas de sa faveur; lui promettant d'ailleurs qu'il n'auroit pas à prendre d'autre soin de cette affaire.

Alors le chef de la police étoit un certain Antonio Passan, homme dur, mais de beaucoup de sens. Ayant entendu la volonté du cardinal et prévoyant ce qui pouvoit en arriver, il se déchargea sur son chancelier du soin d'arranger la chose avec le caporal, sans qu'il parût en rien, sans qu'il fût même nommé; car il vouloit, comme on dit, ménager la chèvre et le chou. Ainsi le cardinal Antonio fut servi à souhait.

Le matin venu, les forçats sortirent de la prison de *Torre di Nono*, liés deux à deux et gardés, suivant la coutume, par des sbires. Il y en avoit ce jour-là vingt-quatre couples. Bianconi faisoit partie du dernier. La chaîne marchoit du côté de *Ripa grande*, dans le dessein de s'embarquer pour Civita-Vecchia.

De bonne heure, le même jour, Rouvroy[37], accompagné de deux estafiers de l'ambassadeur qui portoient ostensiblement des arquebuses de chasse et sous leurs habits des pistolets et des armes blanches, se rendit, comme pour faire sa promenade habituelle dans la campagne, au monastère des Frères-Mineurs de Saint-François, sur les bords du Tibre, à peu de distance de la barque qui attendoit les forçats. Là il eut avis que Bianconi approchoit avec ses compagnons. Il se précipita aussitôt de leur côté, suivi de ses deux serviteurs; et après avoir fait un peu de chemin, se voyant assez proche d'eux, il s'avança seul résolùment, appela Bianconi par son nom en disant : « Bianconi, viens ici, » le saisit par le bras, coupa la corde qui le retenoit, l'enleva des mains de l'escorte, et sans que cette vile canaille fît aucune résistance, l'emmena avec lui. Il le fit ensuite conduire jusqu'aux confins de l'État ecclésiastique, d'où le croupier gagna[38] Naples sain et sauf.

Passan, informé de l'événement et sachant que le caporal n'avoit pas même fait mine de résister, le manda près de lui, l'admonesta de la manière la plus sévère, le menaça de le chasser et de le châtier pour n'avoir pas seulement essayé de se défendre et pour s'être laissé arracher un condamné au mépris de la justice : double faute habituelle et journalière parmi les sbires.

Ce fut avec plus de sincérité que le cardinal Barberino s'abandonna à un mouvement violent de colère quand il apprit que Bianconi lui avoit échappé. Il fit donner au caporal trois coups d'estrapade, le cassa de son grade et lui ordonna de sortir des États de l'Église. Il s'emporta contre Passan, qui s'excusa en disant qu'il n'étoit pas présent à l'affaire, qu'il avoit d'ailleurs puni le coupable ; et comme il connoissoit bien le cardinal, le chef de la police sut, à la fin, trouver le moyen de l'adoucir et de le calmer. Il se plaignit avec amertume du cardinal Antonio, dont il prétendoit avoir reconnu là un des tours. Il protesta que peu s'en étoit fallu qu'il n'eût fait échouer l'entreprise. Finalement, le cardinal patron concentra tout son ressentiment sur Rouvroy, qu'il fit poursuivre avec une extrême rigueur et contre lequel il fit rendre une sentence de mort.

L'écuyer, après son beau coup, avoit prudemment pensé à prendre le chemin de la France ; mais le marquis de Cœuvres ne voulut sous aucun prétexte le laisser partir. Il le retint auprès de lui pour braver le cardinal François. Il se fioit à la parole du cardinal Antonio, qui promettoit toujours d'accommoder l'affaire ; et il avoit tort. Il avoit vu que ses promesses n'avoient rien valu à Bianconi ; il devoit comprendre qu'elles resteroient tout aussi inefficaces pour le pauvre Rouvroy. La circonstance en effet étoit beaucoup plus grave. Dans le premier cas, il ne s'agissoit que de la grâce d'un homme du peuple, atteint pour la bagatelle d'un jeu tenu en contravention à une ordonnance ; dans le second, c'étoit un condamné aux galères arraché de force à la justice, enlevé à main armée, en plein jour, au milieu de Rome ! Crime énorme, qui entraînoit la peine de mort ! Crime qui entachoit la réputation de Siége apostolique ! L'ambassadeur, au reste, avoit tenu, en public comme en particulier, des propos outrageants pour le cardinal Patron ; il avoit donné à entendre qu'il paieroit volontiers seize mille écus à celui qui lui apporteroit la tête du neveu de Sa Sainteté ; en un mot il avoit parlé sans mesure, outrepassé la limite extrême de ses devoirs et offensé la majesté du prince.

Rouvroy seroit resté caché et comme prisonnier dans le palais de l'ambassadeur, si certaines considérations n'avoient pas contenu la colère du cardinal François. Le pontificat d'Urbain VIII étoit sur son déclin. Il n'auroit pas été d'une bonne politique eu cet état de rendre la France ennemie de la famille Barberini. La cour romaine se montroit donc fort circonspecte : et l'écuyer n'en étoit que plus arrogant. Il se faisoit voir armé tous les jours en public dans le quartier de l'ambassadeur ; il se promenoit dans les champs de Frascati avec son maître ; il alloit en carrosse par toute la ville. Ces mépris de la justice retomboient sur le cardinal, qui n'en étoit pourtant pas encore tant irrité que des discours inconvenants qu'on ne cessoit pas de tenir contre lui. Peut-être faut-il attribuer surtout à ces discours la résolution qu'il prit de faire assassiner Rouvroy.

Un jour, celui-ci se trouvoit dans la campagne à Frascati. Il visoit avec son arquebuse un oiseau ; et il étoit près de faire feu, quand quatre scélérats, qui le visoient lui-même, lâchèrent à la fois leurs quatre coups, l'étendirent à terre, et, s'étant jeté sur son cadavre, lui coupèrent la tête. Ainsi l'écuyer de l'ambassadeur fut, en chassant, chassé du monde par ces quatre bandits ; et sa décapitation, en lui fermant la bouche, mit un terme à ses médisances.

Sa mort ne fut ni le dernier motif de ressentiment fourni au marquis de Cœuvres, ni la dernière offense faite à la couronne de France. Sa tête fut portée à Rome au bureau du gouverneur. On en fit la reconnoissance dans les formes ; après quoi, elle fut remise au bourreau qui la porta dans le courtil où sont exécutés les condamnés à mort, l'exposa aux regards du peuple en disant à haute voix : « C'est la tête de M. de Rouvroy, écuyer de l'ambassadeur de France, » et la jeta dans la fosse où on a coutume d'enterrer les têtes des décapités.

Il n'y eut rien dont le marquis se sentit plus blessé que de cet acte accompli par le bourreau. Il le tint pour un des plus cruels affronts qu'il eût été possible de faire à son souverain. Il s'en plaignit amèrement au pape lui-même; il en montra une implacable haine contre le cardinal François, avec qui il échangea des paroles fort aigres. Dans l'emportement de sa colère, il expédia plusieurs courriers à Paris; et l'affaire fut prise très-haut par le roi et par le cardinal de Richelieu, qui songea aussitôt à en tirer une vengeance éclatante. On auroit pu s'entendre si l'ambassadeur avoit raconté les faits sans passion [39]; mais, en dénonçant la mort de son écuyer, il ne dit mot de la nécessité qui avoit contraint la justice à en agir de la sorte, à moins de laisser porter atteinte à la réputation du Saint-Siége. Le bruit que cet événement fit en France, ne causa pas peu d'embarras au pape Urbain et d'anxiété au cardinal Barberino. A son tour, le cardinal Antonio en étoit fort affligé; car il comprenoit qu'on pouvoit l'accuser d'être l'auteur de tout le mal; et malgré l'intimité dans laquelle il vivoit avec l'ambassadeur, il ne trouvoit ni instances si vives, ni prières si humbles qu'elles parvinssent à l'apaiser. Il continuoit toutefois de le voir comme auparavant.

On tint sur cette affaire force conseils ; on débattit force partis ; et enfin on s'arrêta à la résolution d'envoyer un prélat rompu aux négociations, insinuant, aimé et en crédit, avec le titre de nonce extraordinaire, pour représenter au roi par quelle raison de nécessité la Sainteté de Notre-Seigneur s'étoit vue obligée de garder sa justice contre M. de Rouvroy, écuyer de l'ambassadeur, et comment il n'avoit pas été possible de faire moins sans déshonorer tout à fait le Siége apostolique, tant et si constamment protégé par les rois prédécesseurs de Sa Majesté.

Le cardinal Antonio proposa au pape, comme très-expert et très-aimé de Louis XIII, Mgr Mazarin, qui se remuoit de toutes les façons pour être chargé de cette mission. Jules avoit beaucoup perdu dans l'esprit d'Urbain, mais uniquement parce qu'il l'obsédoit de ses sollicitations continuelles. Sa Sainteté lui dit à lui-même qu'il ne lui convenoit pas de se donner tant de soins, et qu'elle ne manqueroit pas de sujets à envoyer en France. Elle refusa donc de le nommer ; et pourtant elle ne savoit où trouver un prélat qui fût dans des conditions aussi favorables que Mazarin, bienvenu de la cour entière et particulièrement du cardinal de Richelieu, qui en dirigeoit tous les mouvements.

Malgré le refus du pape, Jules ne perdit pas courage. Il se concerta avec le cardinal Antonio, qui le soutenoit bravement, et même avec le cardinal François. Les deux frères firent valoir auprès du souverain pontife l'habileté de leur candidat, la bonne volonté que lui témoignoient la cour et Richelieu, la connoissance qu'il avoit du pays, la sagacité avec laquelle il avoit su pénétrer les caractères du roi et du cardinal. Ils supplièrent Sa Sainteté de ne pas commettre un pareil emploi à un autre qu'à Mazarin. Sur ces entrefaites, l'ambassadeur, causant familièrement de l'affaire avec le cardinal Antonio, se laissa entraîner à dire qu'il ne doutoit pas qu'aucune personne ne fût plus propre à apaiser la colère de Louis XIII et de son ministre que le seigneur Jules, s'il étoit accrédité en qualité de nonce, mais qu'il étoit assuré que Sa Sainteté ne vouloit pas en entendre parler. Ce propos eut certainement la plus grande influence sur la détermination du pape.

En effet, le cardinal François plaidoit avec chaleur, mais sans succès, la cause de Mazarin, quand le cardinal Antonio survenant, rapporta au Saint-Père les paroles de l'ambassadeur. Urbain en fut si frappé qu'il prit à l'heure même son parti et décida que Jules se rendroit au plus tôt à la cour de France. On expédia sans tarder les lettres de créance ; et on remit au nouveau nonce ses instructions sur ce qu'il auroit à faire auprès de Sa Majesté Très-Chrétienne.

Quand il eut reçu sa nomination, Mazarin se livra aux transports de la plus vive allégresse. Je puis assurer à Votre Altesse que, sur le point de partir de Rome, ayant été prendre congé de l'ambassadeur et s'entretenant avec lui en ma présence et en la présence de quelques autres de ses amis, de la bienveillance dont l'honoroient le roi, la reine, le cardinal et d'autres personnages encore, il prononça textuellement les paroles suivantes que, de mes deux oreilles, j'ai entendu sortir de sa propre bouche : « Je vais à la cour de France. S'il plaît à Dieu, ou je reviendrai Jules, ou quelque saint m'assistera ; » voulant dire par là qu'il resteroit simple prélat ou qu'il seroit grand seigneur à la cour [40].

Il se mit donc en route, nonce apostolique, et s'achemina vers le roi très-chrétien avec une satisfaction extraordinaire. Arrivé à Paris, il fut accueilli par Sa Majesté de la manière accoutumée, c'est-à-dire avec les marques de la plus bienveillante affection ; et de même par le cardinal de Richelieu, qui se montra plus empressé qu'aucun autre courtisan.

Ce fut sous l’impression de ce gracieux accueil qu’il exposa sa mission au roi. Il commença par représenter combien le pape avoit de zèle affectueux pour la couronne de France et de paternelle tendresse pour la personne de Sa Majesté; il déduisit amplement les graves motifs qui avoient contraint la volonté du souverain pontife à exercer contre M. de Rouvroy une justice rigoureuse; il démontra que si on avoit agi avec moins d’autorité, on auroit souillé d’une tache indélébile la pureté de la renommée et de la considération de ce Saint-Siége apostolique que les rois très-chrétiens se sont toujours attachés à défendre, à conserver, et pour le secours duquel leurs armées ont si souvent passé les Alpes; il développa toutes ces considérations d’une manière si ingénieuse, dans un langage si éloquent, avec un accent si plein de charme qu’il força en quelque façon le roi et le cardinal d’avouer que le pape avoit très-bien fait; qu’il avoit rendu bonne justice, et que l’écuyer avoit acheté sa mort à beaux deniers comptants. Un courrier fut aussitôt expédié à la cour de Rome, où on apprit avec une grande satisfaction la nouvelle de cet heureux succès. Le Saint-Père en éprouva un véritable ravissement. Il ne se repentit pas d’avoir député Mazarin vers le roi de France, loin de là; il lui rendit dans ses bonnes grâces la place qu'il lui avoit précédemment accordée. Le cardinal François laissa éclater sa joie; et plus encore le cardinal Antonio qui avoit eu la part principale à la députation de Jules et avait osé garantir au pape la favorable issue de la négociation. L'ambassadeur reçut de Sa Sainteté[41] l'invitation d'assister comme auparavant à toutes les solennités de la cour pontificale; ce qui l'obligea de dissimuler le cruel dépit qu'il ressentoit au fond du cœur.[42]

Par cette nonciature, Mazarin regagna la faveur du pape; et à la fois il satisfit au désir du roi et du cardinal de Richelieu, qui l'appeloient à la cour. Il satisfit aussi à son propre désir; car il n'avoit rien tant à cœur que de s'établir en France. Il reprit donc les charges dont il avoit été pourvu précédemment; on lui en conféra de plus importantes, qui lui servirent à fixer et à sceller solidement sa fortune. Comme il y réussissoit admirablement, il entroit chaque jour plus avant dans les bonnes grâces de Louis XIII et de son ministre.

Sa faveur en arriva à ce point, que quand le roi, traversant la grande ville de Paris, passoit devant la demeure de Jules, il le faisoit appeler; et si, par hasard, celui-ci n'étoit pas encore levé, Sa Majesté daignoit l'attendre; puis elle lui donnoit place dans son propre carrosse et le menoit, tantôt par la ville, tantôt dans la campagne, partout en un mot où il lui plaisoit d'aller. C'est une grâce que le roi accorde volontiers aux plus grands princes, mais non aux simples serviteurs[43].

Ces faveurs signalées du roi mirent Mazarin auprès des sujets en si grande estime et en un crédit si singulier, qu'il en étoit presque l'égal du cardinal de Richelieu lui-même, qui, ayant reconnu les talents ecclésiastiques de Jules, l'éleva à l'éminence si désirée de la pourpre et le donna à Sa Majesté pour une personne parfaitement propre au gouvernement des affaires les plus hautes et les plus importantes de la couronne[44]. Peu de temps après, le puissant ministre passa à une autre vie.

Quand à son tour le roi rendit son âme à Dieu, il se souvint de la recommandation du cardinal ; et il laissa Mazarin, dont il avoit pu apprécier lui-même les grandes qualités, dans le poste de premier ministre et la dignité de tuteur de son fils[45]. Il lui confia, en même temps qu'à la reine sa femme, la direction du royaume et du jeune roi. Le nouveau ministre se conduisit avec tant d'adresse et de prudence, que pendant la minorité de Louis XIV, au milieu des tracas d'une guerre soutenue en tant de lieux et de l'embarras des affaires politiques de l'intérieur, dans le labyrinthe des événements qui s'accumuloient et se précipitoient, il frappa tout le monde d'étonnement. On admiroit comment un sujet italien avoit pu entrer si avant dans les intérêts du royaume, comment il savoit et pouvoit accomplir tant et de si grands desseins, comment il donnoit à son maître des preuves si éminentes de son affection et de sa fidélité.

Toutefois les affaires de l'État ne lui faisoient pas perdre de vue celles de sa maison. Fra Michel Mazarin, son frère selon la chair, religieux de l'ordre de Saint-Dominique, fut promu aux fonctions de maître du sacré palais apostolique, au détriment de sujets qui étoient plus dignes que lui de cette faveur, qui l'avoient mieux méritée par leurs travaux et leurs services. Ce ne fut pas tout : il monta à la suprême dignité de son ordre, dont il fut nommé général, quoique le père Ridolfo, de bien-heureuse mémoire, son prédécesseur, vécùt encore. Ce bon père ne s'étoit attiré sa disgrâce par aucune faute ; car c'étoit un moine d'une grande vertu. Il avoit été sacrifié à un pur caprice du cardinal Barberino. Plus tard, il fut réintégré dans sa place par le pape Innocent X.[46]; et il y termina ses jours, comme chacun sait. Michel Mazarin fut ensuite créé cardinal de Sainte-Claire par Urbain et archevêque d'Aix avec soixante mille écus de rente. Sa promotion le força d'abandonner le généralat, qui fut donné au père Turco. Enfin la reine de France l'envoya avec le titre de vice-roi en Catalogne, d'où il revint à Rome pour son plaisir; et l'été suivant il trouva dans cette ville la mort que lui avoient préparée ses désordres, ainsi que le peu de soin qu'il prenoit de sa personne[47].

Jules étoit également jaloux de laisser à Rome quelque souvenir de son nom. Dans cette intention, il fit reconstruire de fond en comble l'église des saints Vincent et Anastase, sa paroisse. Il eut soin de la pourvoir de beaucoup de choses utiles aux pères qui la desservoient; mais surtout il l'orna d'une magnifique façade qui regarde la place de la fontaine Trevi, décorée d'une quantité de colonnes élégantes et autres pièces bien travaillées, avec cette inscription au milieu du frontispice, au-dessus de la corniche : *Julius Sanctæ Romanæ Ecclesiæ cardinalis Mazarinus.* Au-dessous de la croix se voit un très-bel écusson de marbre blanc avec son buste, que soutiennent deux anges sonnant de la trompette[48].

Mazarin acheta des seigneurs Bentivoglio un superbe palais situé sur le mont Cavallo, qu'il paya soixante-dix mille écus, et qui en avoit coûté plus de deux cent mille à bâtir; avec des cours d'une magnificence royale, des jardins, de belles fontaines et toutes les dépendances qu'il est possible de désirer dans un palais de roi. On peut jouer dans une seule de ces cours deux parties de paume et une de balle, sans que l'une incommode l'autre ; et tout à côté, il y a une seconde cour qui sert de manége[49]. Cette acquisition fut faite sous le spécieux prétexte qu'il étoit nécessaire qu'il possédât à Rome un palais majestueux pour le service de la cour de France, afin qu'il pût y recevoir en tout temps les princes de ce royaume. Le fait est que depuis la mort de Pierre Mazarin, les ambassadeurs de Sa Majesté Très-Chrétienne l'ont toujours habité[50].

Quand le défunt roi fut appelé au ciel, le cardinal Mazarin étoit préparé à recevoir la direction du royaume ; et pendant les premières années de son ministère, il sut très-heureusement se concilier l'opinion et le goût de la reine, des principaux conseillers de la couronne et même de la nation entière, qui voyoit que les affaires marchoient dans une grande paix et qu'elles étoient soutenues avec plus de chaleur qu'auparavant.

Ce cours heureux de tranquillité au dedans et de prospérité au dehors ne provenoit d'aucune autre cause sinon que, des qualités auxquelles il s'étoit exercé à l'école de Richelieu, il déployoit les bonnes seulement et non celles qui pouvoient le rendre odieux. Richelieu, en effet, avoit une merveilleuse sagacité pour prévoir les préjudices dont la menace s'annonçoit de loin, une prudence sans pareille et un art admirable pour les éviter. Tout ce qui étoit de finesse, de ruse, de dissimulation, Mazarin l'apprit et l'appliqua avec beaucoup d'avantage; mais pour les autres dispositions qui se remarquoient dans le redoutable cardinal, qui s'y montroient au vif, pour cette inconstance, pour cette implacable haine, pour cette passion de luxure qui étoient dans son cœur des compagnes inséparables, il n'y inclina qu'avec une grande modération, si bien que par la vertu d'un tempérament qui tenoit plus de la bienveillance que du ressentiment, il se conduisit pendant tout ce temps avec tant d'habileté, qu'il ne vit s'élever contre lui ni plainte ni reproche. Toutefois, il ne se put pas que la guerre si longue de cette époque n'apportât pas de douloureuses incommodités à la nation, quoiqu'elle fût heureuse pour le prince. Le roi avoit un pressant besoin d'argent. Il fallut chercher les moyens de s'en procurer; et on crut qu'il n'y en avoit pas de plus facile et de meilleur que d'abolir la Paulette[51] et d'augmenter le nombre des Maîtres des Requêtes. Ainsi, pensoit-on, on feroit une ample moisson de deniers sans fouler le peuple, toujours trop chargé d'impôts ordinaires et extraordinaires.

Mais cette nouveauté causa un mécontentement profond parmi les magistrats, en particulier parmi ceux qui siégeoient dans le parlement, parce que, outre qu'ils devoient porter un nouveau fardeau, ils voyoient diminuer le prix et l'honneur de leurs charges[52]. De là quelques-uns qui envioient la faveur de Mazarin, commencèrent à dire que, non content d'avoir concentré dans ses mains toute l'autorité qui auparavant étoit partagée entre plusieurs, et d'avoir disposé à son gré de la chose publique, il prétendoit de plus attenter aux droits d'autrui ; qu'il ne falloit sous aucun prétexte lui laisser prendre une telle liberté qui, si elle lui réusissoit une fois, l'encourageroit à de nouvelles entreprises au mépris et au préjudice de la compagnie ; qu'il étoit nécessaire d'y veiller ; et qu'en contenant l'ambition qui le portoit à s'agrandir dans le royaume, on feroit cesser une grande partie des embarras et des difficultés de la situation ; car il avoit pour maxime de forcer la France à entretenir incessamment la guerre, parce que le ministre y avoit une occasion toujours facile d'entasser des trésors qui devroient être dépensés pour l'avantage général du royaume.

Paul de Gondy, coadjuteur de l'archevêque de Paris, avec future succession, aujourd'hui cardinal de Retz[53], esprit séditieux, désiroit ardemment obtenir la pourpre afin de s'élever ensuite au poste de premier ministre. Le ressentiment du parlement lui parut une circonstance favorable pour renverser Mazarin. Il employa donc tout son crédit à l'accroître, à l'irriter; et sous son inspiration, la Cour se mit à procéder contre la personne de Jules et à déclarer qu'elle ne souffriroit, par aucun motif, qu'un étranger maniât à sa guise les rênes de l'Etat [54].

Bientôt des soulèvements éclatèrent en France d'une si étrange manière, que Paris fut déchiré par les factions, comme Votre Altesse l'a lu dans les histoires; de sorte que Mazarin ne put faire autrement que d'agir de ruse; et quoiqu'il ne lui semblât pas possible de parer à tous les inconvénients qui devoient en résulter, il s'attacha aux partis qui étoient le moins capables de nuire aux intérêts du roi; c'est-à-dire qu'il se décida à accorder toutes les satisfactions au prince de Condé [55], afin que par la réputation et le prestige que ses victoires lui avoient acquis, ce prince pût dissiper les troubles à leur origine. Bien que sollicité plus qu'on ne pourroit l'exprimer par le prince de Conty [56], son frère, et par le duc de Longueville [57], son beau-frère, de séparer sa cause de la cause du roi et de Mazarin, de mettre à profit l'occasion que la fortune lui offroit d'augmenter sa puissance et sa grandeur à leurs dépens, en joignant à ses propres forces celles des Frondeurs, qui formoient un corps formidable, Condé se maintint dans la ferme résolution de ne pas abandonner Sa Majesté, se fondant sur le principe que c'étoit le dernier pas qui devoit le conduire à un pouvoir despotique. C'est pourquoi il s'attacha plus fortement encore à l'exécution du plan concerté avec la couronne.

Il continuoit pourtant avec sa hauteur et sa fougue ordinaires à faire parade de son autorité; il vouloit toujours l'emporter de haute lutte dans le conseil sur ceux qui ne se courboient pas devant ses volontés. En même temps il ne se montroit jamais content des grâces que lui prodiguoit la reine. Il fut ainsi amené à prêter l'oreille aux conseils du parti contraire et à se laisser persuader qu'il n'y avoit à la conduite de Mazarin d'autre but que de frustrer la grandeur de ses desseins et de ses espérances. On l'avertit de ne pas aller à l'armée, parce que le ministre, sous prétexte de lui faire acquérir de la gloire et des applaudissements, cherchoit à l'éloigner de la cour afin de ne s'assujettir à la critique de personne; que le coadjuteur, passionné et hardi, s'entendoit pour la même fin par l'entremise d'un tiers, avec Mazarin et la reine : leur recommandant de bien cacher leur secret, parce que Condé n'étoit pas

homme à se tenir dans les bornes de la modération ; qu'il se machinoit donc quelque entreprise pour laquelle on étoit en quête d'adhérents, et on s'offroit avec empressement aux
amis qui peu auparavant s'étoient séparés de
lui ; qu'il devoit en conséquence conserver
l'union avec son frère, de Conty, et Longueville, son beau-frère, autant qu'il étoit possible
de l'attendre d'un esprit inquiet et impatient
d'une plus haute fortune. Ces propos et les
ombrages qu'il en conçut, déterminèrent le cardinal à s'assurer des personnes de ces princes,
parce qu'il avoit été reconnu dans le conseil,
entre autres choses, qu'il y avoit plus de sûreté
à lutter qu'à dissimuler.

Donc, le 18 janvier 1650, le prince de Condé,
mandé par la reine, se rendit au palais, où il
s'entretint avec le secrétaire d'État Le Tellier[58],
les gens d'armes étant déjà prêts. Vers les cinq
heures de l'après-midi, arrivèrent le prince de
Conty, son frère, et le duc de Longueville, qui
avoit été appelé sous le prétexte de quelques
dépêches venues de Munster[59]. Ils furent alors
tous arrêtés.

Ce ne fut qu'après plusieurs heures de délibération que l'ordre de se saisir du prince de
Condé fut délivré ; et le cardinal Mazarin donna
le dernier son avis.

Pendant ce temps, le prince avoit voulu parler à la reine ; mais celle-ci feignant d'être malade, il ne lui avoit pas été permis d'entrer dans la chambre où le roi, près de sa mère, attendoit l'issue de l'entreprise.

Quand le capitaine des gardes de la reine parut dans l'antichambre, et se portant devant Condé, lui demanda son épée en lui disant qu'il étoit prisonnier du roi, le prince, pâlissant, s'écria : « A moi ? et qui le commande ? » Le roi souleva à ce moment la portière, montra son visage et répondit : « Je le commande ! » Condé se tut, donna son épée au capitaine et le suivit ; tant est puissant le respect de la majesté royale sur une âme noble qui a la conscience de l'avoir offensée ou d'avoir conçu la pensée de l'offenser ! Ainsi atterré par la présence du roi, le prince humilia son orgueil. On le conduisit par un escalier dérobé derrière la chambre de la reine, dans une salle basse, où il trouva Conty et Longueville, arrêtés comme lui. On les fit sortir tous trois par une petite porte et monter dans un carrosse avec trois autres capitaines, sous une escorte de quinze cavaliers seulement. On les mena au bois de Vincennes[60] ; et on les remit au gouverneur, qui avoit charge de les garder[61].

Le peuple apprit d'abord avec plaisir cet emprisonnement à cause de l'offense récente qu'il avoit reçue du prince de Condé[62] ; mais bientôt changeant d'opinion, comme il est naturel aux François, il se plut à rappeler les exploits du prince et tout ce que celui-ci avoit fait pour la couronne. Il passa promptement à dire que l'acte de l'autorité royale étoit un pur effet de la puissance de Mazarin, qui vouloit avoir seul le maniement des intérêts publics et cherchoit des prétextes pour écarter ceux qui étoient capables de lui porter ombrage; que le roi restoit privé du plus illustre champion qui pût combattre avec l'épée; et autres choses semblables qui excitoient les emportements du vulgaire et rendoient odieux le cardinal.

Bordeaux se révolta; et bien qu'on eût conduit le roi contre cette ville, l'insurrection fit une résistance plus longue qu'on ne s'y étoit attendu. Il fallut que le roi usât de clémence pour recevoir ses sujets rebelles en sa grâce[63].

Or il arriva que par l'envoi des troupes en Guienne, la frontière de Flandre demeura dégarnie. Les Espagnols, profitant de l'occasion, s'emparèrent en très-peu de temps du Câtelet, de la Capelle, de Catel-Pessia et de Rethel[64]; de sorte que le bruit de leur marche si rapide répandit la terreur jusque dans Paris. Quelques-uns pensèrent que ce mouvement de l'ennemi avoit été exécuté en considération du prince qu'il espéroit délivrer de sa prison. Aussi ceux qui étoient à la tête du gouvernement, jugeant que cela pouvoit être d'une bonne politique, proposèrent de faire grâce aux captifs [65].

Mais, parce que les régiments revenus de Guienne s'étoient maintenus en assez bon état et que le général de l'armée royale [66], qui temporisoit de son mieux devant les Espagnols en Champagne et en Picardie, donnoit à entendre qu'avec un pareil renfort reçu en temps convenable, il pourroit faire quelque chose d'avantageux dans ces contrées, Mazarin résolut de lui conduire en personne ce qu'il avoit de mieux sous la main, afin de rétablir, s'il étoit possible, la réputation de la couronne et sa propre réputation, bien compromises par les mauvais succès des derniers jours. Peu après sa jonction avec les troupes qui tenoient la campagne, on remporta une victoire signalée [67], qui eut les plus heureuses conséquences et qui auroit assuré la tranquillité du royaume si la nouvelle de sa bonne fortune n'avoit pas été accueillie par ses rivaux comme une des plus fâcheuses qui pussent venir à leurs oreilles. En effet ils se fatiguoient à répéter que son ministère étoit très-funeste; comment auroient-ils vu sans amertume que l'événement prouvoit tout le contraire ? Les actions de grâces qui furent rendues publiquement à Dieu pour cette victoire [68], les excitèrent bien plus à poursuivre la disgrâce du triomphateur qu'à lui payer le tribut de reconnoissance qu'il méritoit. Les hommes et les opinions allèrent s'aigrissant de jour en jour ; si bien que le mal gagna ceux-mêmes qui s'étoient le plus réjouis de l'emprisonnement des princes, et qui avoient demandé avec le plus de bruit le bannissement de Condé. Je ne puis pas raconter par le détail les succès divers des négociations qui furent suivies alors avec une sorte de rage ; les historiens en parleront. Pour moi, je me bornerai à dire que ni le respect dû à la majesté royale, ni les alliances de Mazarin, ni la claire prévoyance des périls qui devoient naître de la garde des captifs, ne purent empêcher que les factions, guidées bien plus par la fureur que par la raison, ne prévalussent enfin. Vainement le cardinal eut recours à toute sa finesse ; vainement il fit jouer les ressorts de son esprit subtil et rusé, le retentissement de ces agitations dura jusqu'à ce qu'on eût persuadé au roi que tout se calmeroit dès que le ministre seroit éloigné de Paris.

Dans cet état, Mazarin prit le parti de se mettre en route pour le Havre de Grâce[69], avec l'intention de porter lui-même aux princes l'ordre de leur délivrance signé du roi. Il comptoit qu'ils se montreroient reconnoissants d'avoir reçu de sa main leur liberté ; et il se flattoit qu'en les ramenant à Paris dans sa compagnie il verroit tomber toutes les tempêtes excitées contre lui. Cette espérance étoit raisonnable ; mais sa présence ne produisit pas sur les prisonniers l'effet qu'il en avoit attendu. Arrivé au Havre de Grâce, il annonça aux princes la nouvelle de leur libération. Condé demanda à voir la lettre de Sa Majesté, l'enleva adroitement au cardinal ; et courant aussitôt la présenter au gouverneur, il le somma d'y obéir ; ce que celui-ci fit sans hésiter. Ainsi délivrés, les princes firent dès lors très-peu de cas du ministre. Ils partirent sans prendre la peine de le visiter, sans le remercier du service qu'il leur avoit rendu. Ils se hâtèrent de retourner à Paris et laissèrent le pauvre cardinal au Havre presque seul. Le prince de Condé, avec les autres princes, rentra dans la capitale le 7 février [70], escorté par mille cavaliers, cent carrosses et une multitude de noblesse qui avoient été à sa rencontre. Il fut caressé par le duc d'Orléans, fêté en grande pompe par la cité ; et le lendemain il alla remercier le parlement.

Rester au Havre, ce n'étoit pas le compte de Mazarin, qui apprit bientôt l'union des autres parlements avec celui de Paris ; qui sut que le dernier avoit confirmé tous ses arrêts antérieurs et qu'il lui avoit donné huit jours pour sortir de France, défendant aux gouverneurs de places de le recevoir, leur ordonnant de l'arrêter s'il ne partoit pas, et les menaçant de la perte de leur emploi en cas de désobéissance[71].

Averti donc de ce qui se passoit à Paris, le cardinal se mit en chemin; et quand il eut gagné Orléans[72], il écrivit à Leurs Majestés pour les supplier de permettre qu'il résidât dans quelque ville du royaume, en attendant qu'il eût pu donner ordre à ses affaires. La reine savoit combien avoit d'empire sur les esprits l'opinion qui lui reprochoit de le protéger. Elle l'aimoit et l'estimoit assurément comme un ministre qui lui avoit rendu de grands services dans le gouvernement de l'État, et qui d'ailleurs lui avoit été laissé par le feu roi pour l'assister et la diriger dans sa régence; mais en femme très-prudente, elle ne voulut pas paroître passionnée à le défendre contre un soulèvement si universel. Au contraire, s'adressant au roi son fils, elle lui conseilla de laisser les choses suivre leur cours et de refuser la faveur qui lui étoit demandée. Le premier écuyer[73] fut en conséquence envoyé au cardinal avec l'ordre de sortir du royaume.

Mazarin reçut cet ordre, le cœur brisé; et néanmoins il se montra très-empressé d'y obéir. Seulement il écrivit une lettre dans laquelle il disoit qu'un procédé aussi rigoureux envers lui venoit assurément d'autres personnes que de

Leurs Majestés, qui en étoient plus offensées que ne pouvoient être dépréciés les services qu'il avoit rendus à la couronne pendant le cours de vingt-deux années [74].

Il passa à Cologne, dont l'électeur lui assigna pour sa résidence un lieu sûr à peu de distance de la ville [75]; et ce bon accueil ne fut pas du goût de ses adversaires.

Non content de l'expulsion du cardinal, le parlement ordonna qu'on lui fît son procès, et à ceux qui l'avoient secondé dans le gouvernement de l'État, prétendant ainsi fermer toutes les voies qui pouvoient le ramener en France [76].

On fit toutes les diligences pour instruire ce procès, sans que ni la haine ni l'envie pussent trouver rien qui ne fût à la louange de Mazarin.

Les points principaux de l'accusation se réduisoient à quatre : 1° Il avoit empêché la paix entre les deux couronnes aux conférences de Munster [77]; 2° Il avoit mal administré la fortune publique; 3° Il avoit entretenu des intelligences avec les corsaires dans la mer de Toscane [78]; 4° Il avoit enseigné au roi des maximes préjudiciables à l'État [79].

Sur le premier point, on trouva précisément qu'il avoit mis tous ses soins à conclure la paix, mais pour le plus grand avantage et pour la gloire du royaume de France;

Sur le second, que des registres très-clairs et très-régulièrement tenus établissoient par des comptes que plusieurs personnes avoient contrôlés et vérifiés, l'emploi des deniers royaux, et aussi les grosses sommes d'argent qui avoient été données au duc d'Orléans, au prince de Condé et à d'autres encore;

Sur la troisième, qu'il n'avoit pu faire moins que d'avoir des intelligences avec les corsaires, puisqu'il avoit été à propos de se servir d'eux pour les intérêts de la couronne;

Sur le quatrième enfin, qu'il n'avoit insinué dans l'esprit du roi que des maximes très-bonnes, parfaitement chrétiennes et telles que si Sa Majesté les observoit, elle ne pourroit errer dans le gouvernement de son royaume.

Voyant qu'ils ne pouvoient nuire au chef, les adversaires de Mazarin se tournèrent contre les membres, c'est-à-dire contre ceux qui avoient servi le ministre dans le gouvernement, les secrétaires d'État, qui étoient alors Le Tellier, Servien [80] et de Lyonne [81]. C'est pourquoi le parlement supplia la reine de les chasser de France [82]; et parce que Anne d'Autriche, blessée de cette arrogance, dit que le parlement et les princes prétendoient donc lui faire la loi, il en vint jusqu'à déclarer qu'il vouloit dans le conseil Villeroy [83] et le garde des sceaux [84], ennemis du cardinal.

La reine qui comprenoit que les choses alloient tomber dans la confusion, pour avoir
auprès d'elle un homme dont les bons avis
pussent appuyer sa résolution, éleva au poste
de premier ministre M. de Chavigny [85], qui
avoit déjà rempli ces fonctions et s'y étoit attiré
l'approbation générale, comme un sujet en
autorité et en crédit ; ce qui ne plut pas au
coadjuteur, qui ambitionnoit la succession de
Mazarin.

Puis, pour ôter tout prétexte d'ingratitude
et même toute occasion de déplaisir au prince
de Condé dont les mouvements lui paroissoient
certainement tendre à jeter la France dans des
conjonctures dangereuses, elle se sépara avec
beaucoup de regret des trois secrétaires d'État
dont elle se trouvoit très-bien servie. Cependant le prince montroit par sa conduite qu'il
étoit toujours en crainte de complots et d'em-
bûches contre sa personne, de sorte qu'il fallut
que le roi et la reine donnassent leur parole
au parlement pour sa sûreté. Le duc d'Orléans
lui porta lui-même les assurances de Leurs Majestés et le pria de retourner à la cour sous la
foi du roi et du parlement. En conséquence,
le 18 juillet [86], Condé rentra dans Paris et alla
tout droit remercier les magistrats des garan-
ties qu'il avoit obtenues pour sa vie, et des
bons offices qu'ils lui avoient rendus. Après

quoi il fit visite à Son Altesse Royale, s'entretint longtemps avec elle; et ayant pris congé, il repartit pour Saint-Maur sans avoir vu ni le roi ni la reine. Là il s'occupa des grands préparatifs qui se faisoient pour son voyage de Guienne.

Informée de ces menées et de ces nouveautés si dignes d'attention, la reine en donna avis au parlement afin qu'il s'opposât en tous cas aux desseins du prince; et elle manda par la poste aux jurats de Bordeaux qu'ils eussent à ne pas recevoir Condé dans les fonctions de son gouvernement.

Mais celui-ci enhardi par la parole qu'il avoit du parlement, retourna à Paris, et, comme par mépris, passa devant le Palais-Royal sans visiter ni le roi ni la reine. Il monta ensuite au palais d'Orléans sans que Son Altesse Royale pût lui persuader de rendre ses devoirs à Leurs Majestés.

Or il arriva que se promenant hors de la ville, il rencontra le roi dans un certain bois [87]. Quand il le vit, il ne lui étoit plus possible de se retirer; il étoit trop tard. Il fit donc arrêter son carrosse et salua Sa Majesté, qui lui rendit son salut; mais il étoit si interdit et si embarrassé qu'il ne sut ou ne put prononcer une seule parole.

Le roi, bien que tout jeune encore, s'aperçut de la confusion du prince. Il en rit et dit : « Il auroit une belle peur, mon cousin, si j'envoyois mes gardes entourer son carrosse. Ce ne seroit pas manquer à ma parole, puisque je l'ai donnée pour Paris, et que nous sommes hors de Paris ; mais la foi royale est de telle nature qu'elle doit être gardée toujours entière sans que la pensée vienne seulement de la violer. » Parole vraiment digne d'un roi ! Condé sut ce que le roi avoit dit ; et il en fut un peu mortifié. Néanmoins il persistait dans ses bravades et dans ses mépris ; en sorte qu'on croyoit communément qu'il machinoit quelque grave désordre, puisque, malgré toutes les satisfactions qu'il avoit reçues, il ne se tenoit pas tranquille, et qu'au contraire il se montroit comme en hostilité déclarée contre le roi et contre la reine.

Il avoit ordonné aux commandants de ses troupes sur la frontière de Flandre de se séparer de l'armée royale et de battre le tambour à l'espagnole. Il avoit augmenté sa cavalerie dans des proportions qui autorisoient quelque chose de plus qu'un simple soupçon.

Sur ces entrefaites, le coadjuteur, poussé soit par son zèle pour la paix du royaume, soit par la considération de ses intérêts particuliers, comme quelques-uns l'ont voulu, alla trouver la reine et lui découvrit que Condé, peu auparavant, avoit conclu et arrêté avec les

Espagnols certains articles qui portoient, par exemple :

Que le roi d'Espagne devoit occuper les troupes françoises en attaquant à la fois Turin en Italie, Barcelone en Espagne et Dunkerque en Flandre, pendant qu'une autre armée, à laquelle Condé se joindroit avec ses régiments, entreroit en Champagne, marcheroit sur Paris, et, assiégeant le roi dans sa capitale, le forceroit à signer une paix générale à la convenance des deux princes coalisés.

La reine resta, avec le roi qui l'avoit entendu pareillement, très-satisfaite de cet avis, parce que le coadjuteur lui offroit non-seulement de l'affirmer, mais encore d'en prouver la vérité ; il produisit une copie de la convention passée entre l'Autrichien et Condé.

Cette affaire si ardue et si pleine de périls irrita profondément la cour, qui manda le parlement au Palais-Royal ; et, pendant qu'une assemblée nombreuse de personnages importants se tenoit devant Leurs Majestés, la reine ordonna au comte de Poremme [88] de faire connoître la volonté du roi ; ce qu'il fit en ces termes :

« Bien que j'aie toujours honoré et estimé le prince de Condé autant que le méritent sa valeur et sa naissance, j'ai pourtant été contraint de le retenir prisonnier par les raisons que j'avois alors. Je lui ai ensuite rendu la liberté ; et, pour satisfaire à ses instances, j'ai renvoyé de mon service le cardinal Mazarin, ministre dont j'étois bien servi ; et j'ai fait de même pour les autres ministres, Servien, Le Tellier et de Lyonne, uniquement à la demande du même prince. Eh bien ! non content encore, il cherche des prétextes pour révolutionner mon royaume ; et je sais qu'il est en correspondance avec le roi catholique, qu'il reçoit toutes les semaines des lettres de l'archiduc Léopold, et qu'il fait escorter les courriers par ses troupes jusqu'à Cambrai.

« Il fortifie des places considérables dont il a le gouvernement ; il sépare ses troupes des miennes ; en un mot, il cherche à inquiéter mes États. Voyez donc ce qu'il convient de faire quand un vassal en est arrivé à ces excès d'audace ; et sachez que tout ce que j'ai dit, sera justifié [89]. »

Tous restoient étonnés, ne sachant que répondre. A la fin, le premier président prit la parole au nom de l'assemblée, et dit que comme il s'agissoit d'un prince du sang royal, bien que l'affirmation du roi dût suffire, il étoit à propos cependant de faire une information plus juridique. En conséquence, il fut arrêté que le coadjuteur iroit dans le parlement prouver ce qui avoit été avancé.

Au jour dit, en effet, Gondy parut au palais
pour présenter la preuve des faits articulés par
Sa Majesté; mais il ne résulta pas de cette dé-
marche un grand préjudice pour le prince, qui,
sachant que le coadjuteur pouvoit produire des
témoignages plus que suffisants, avoit, dans
l'intention de l'empêcher par la force et par la
violence, pris avec lui bon nombre de gentilshommes armés, étoit entré dans la grande salle
du Parlement et y attendoit son adversaire pour
lui faire sentir le poids de son ressentiment.
De son côté, Gondy, dans la prévoyance de ce
qui pouvoit arriver, s'étoit fait escorter par
une troupe plus nombreuse encore, à qui, pour
plus d'avantage, il avoit eu la précaution de
donner des armes à feu. En pénétrant dans la
grande salle, il se trouva tout à coup en présence de Condé qui commença à l'apostropher
en termes militaires et mit la main sur son épée
comme s'il eût voulu l'en frapper. Les gens du
coadjuteur tirèrent alors leurs pistolets, mar-
chèrent sur le prince et lui crièrent qu'il eût à
se modérer, parce qu'autrement ils perdroient
le respect qu'ils lui devoient. A ce bruit, le
premier président accourut sur le seuil de la
porte; d'une voix forte et puissante, il répri-
manda l'audace de tous, leur rappela à tous
qu'ils devoient respecter le sanctuaire de la
justice et leur ordonna de sortir, déclarant que

le Parlement ne se réuniroit pas de quinze jours [90]. Ils partirent tous. Condé se retira à Lamur [91], où le duc d'Orléans alla, à la prière des magistrats, le solliciter de venir à Paris; mais il refusa en disant qu'il ne pouvoit pas paroître devant un roi qui l'avoit déclaré coupable de lèse-majesté, et qu'il étoit nécessaire qu'il eût auparavant une déclaration publique de son innocence.

Le duc d'Orléans fit connoître ce refus au Parlement, qui recourut au roi et le pria de rétablir l'union dans la maison royale par la révocation de l'accusation portée contre le prince. C'étoit une grande concession qu'on demandoit ainsi à Sa Majesté, et quoiqu'elle fût bien jeune encore, elle en comprenoit toute l'importance. Toutefois, le duc d'Orléans insista; et le Parlement supplia avec tant de vivacité, qu'enfin le roi dit à sa mère : « Si vous voulez, ma mère, m'aider à prendre cette médecine qui me fait horreur, en la partageant avec moi, je consentirai, pour prévenir les troubles dont ces gens prétendent que je suis menacé dans mon royaume, à dire que nous nous sommes trompés; mais vous verrez que mon cousin ne s'en souciera pas. » Il arriva, en effet, ce que le roi avoit prédit. Le prince de Condé exigea que la déclaration fût enregistrée au Parlement; et, parce que cette formalité de l'enregistrement entraînoit nécessairement beaucoup de longueurs, on vit qu'elle n'étoit qu'un prétexte pour de nouvelles brouilleries ; ou tout au moins une excuse pour ne pas se trouver à la solennité dans laquelle le roi devoit prendre possession de l'administration du royaume.[92]. De fait, quoiqu'il eût promis d'y tenir sa place, le prince se dispensa de paroître, au grand regret de la cour et du roi. A la fin de la cérémonie, le prince de Conti remit une lettre pleine de compliments [93] à Sa Majesté, qui la reçut, et, après l'avoir lue, répondit qu'il y avoit entre les paroles que prononce la bouche et celles que trace la plume, la même différence qu'entre un vivant et un mort.

Donc, ayant pris le gouvernement du royaume, le roi rendit des édits, créa des ducs et pairs, destitua quelques officiers, fit des lois et, entre autres, publia une déclaration pour l'innocence du prince de Condé [94] ; mais en même temps il ordonna que les troupes de ce prince se joignissent aux siennes, sinon qu'elles fussent licenciées ; et dans le cas où elles refuseroient d'obéir, qu'on les taillât en pièces comme ennemies et rebelles. Condé reçut alors des avis d'Espagne ; et le mot de l'énigme fut découvert ; car, plus dédaigneux que reconnoissant du bon office que le duc d'Orléans lui avoit rendu, il partit brusquement de Lamur et se mit en route pour la Guienne [95]. Le roi, informé de ce départ subit, résolut d'entrer en campagne contre le prince [96] et de le poursuivre avant qu'il eût fait aucun progrès.

Cependant il entretenoit un commerce de lettres avec le cardinal Mazarin, dont il regrettoit vivement l'absence. En lui écrivant de revenir en France [97], il lui donna l'ordre de recruter dans le pays où il avoit établi sa demeure, le plus grand nombre de soldats qu'il pourroit, et de les lui amener pour son service. Le cardinal n'éprouva pas de difficulté à obéir; car les troupes allemandes du duc de Neubourg venoient d'être licenciées. Il enrôla environ six mille hommes qu'il prit le parti de conduire lui-même à Sa Majesté.

Quand Mazarin fut arrivé à la cour, les princes et le Parlement demeurèrent consternés. Comme ils n'avoient pas eu d'autre moyen d'opposition, ils s'étoient aidés de la langue contre la volonté du roi, qui, disoient-ils, n'avoit pas dû le laisser entrer dans le royaume [98]. Le duc d'Orléans pourtant essaya de lever des troupes pour s'opposer au passage du cardinal, et en même temps excita toutes les mauvaises passions de la cour, de Paris et de la province.

Mais le roi, marchant promptement vers sa

capitale, écrivit de sa propre main aux maréchaux d'Hocquincourt et Senneterre [99] de se mettre sous les ordres de Mazarin. Ainsi le cardinal réussit à gagner Amboise [100], après avoir laissé ses nièces à Sedan, où il avoit été reçu en grande pompe, et menant avec lui Mancini [101], son neveu, jeune homme de beaucoup d'esprit que Louis XIV aimoit fort, sous une escorte de deux mille combattants et de deux pièces de canon. Leurs Majestés lui firent l'accueil le plus affectueux; et le roi le nomma aussitôt son premier ministre d'État, annulant tous les arrêts du Parlement de Paris contre lui; déclarant ennemi de sa couronne quiconque seroit assez hardi pour s'opposer à sa royale volonté; défendant sous peine de la vie aux officiers du Parlement de vendre les meubles et la bibliothèque du cardinal, aux citoyens de les acheter; proclamant enfin que Mazarin étoit innocent et qu'il étoit venu en France par son ordre exprès. Tout cela fut rédigé en forme de commission et contre-signé par le premier président, qui avoit été appelé à cet effet, et par le garde des sceaux [102]. Les secrétaires d'État revinrent également pour servir le cardinal; mais afin de ne pas irriter cette plaie de l'opinion, sur les observations de la reine, ils furent attachés non à la cour, mais au cardinal.

Le roi résolut de s'avancer vers Paris pour s'opposer aux troupes des princes qui marchoient de ce côté. Il se porta à Fontainebleau avec son armée. Le prince de Condé rentra dans la capitale et alla au Parlement protester qu'il ne tendoit qu'à éloigner Mazarin pour le bien du service de Sa Majesté [103].

Alors le Parlement envoya des députés au roi pour le prier de prévenir, par l'exil du cardinal, les malheurs dont la France étoit menacée; et parce qu'il ne put obtenir le consentement royal, dans son ressentiment, il s'unit aux princes et se résolut à provoquer par une lettre circulaire l'union de toutes les cours souveraines du royaume avec lui contre Mazarin [104]; ce qui fit que les choses s'embrouillèrent d'une façon très-fâcheuse.

Ce fut en ce temps-là que le roi donna le commandement de son armée au maréchal de Turenne [105], soldat brave et heureux à la guerre. Le maréchal s'étant mis à la tête des troupes, marcha en droiture contre les quartiers du général Durluch, Allemand, attaqua, le 4 mai, le faubourg de Saint-Antoine, et fit prisonnier le colonel avec la majeure partie de ses officiers; puis se retournant vers le régiment de Condé, qui ne voulut pas se rendre, il le tailla en pièces.

Ses soldats étoient déjà fatigués des combats

qu'ils venoient de livrer, quand le comte de Tavannes [106] parut avec un gros de cavalerie et les assaillit aussitôt. Turenne ne s'épouvanta pas de cette attaque. Il mit en ordre son armée et la disposa pour la bataille, qui s'engagea de telle sorte que la victoire lui demeura. Il tua aux ennemis huit cents hommes, en prit mille et resta maître du terrain.

Toutes ces défaites discréditèrent singulièrement les armes des princes; si bien que, poussés par le désespoir, les rebelles s'approchèrent des troupes royales avec l'intention de tenter encore une fois la fortune. Les deux armées se heurtèrent donc; un furieux combat s'ensuivit; et deux cents soldats ennemis tombèrent morts; mille huit cents furent faits prisonniers. Le duc de Nevers, Rivafaur, Beaufort [107] et d'autres furent blessés ; Condé eut trois chevaux tués sous lui. Il y eut peu de tués du côté du roi; quelques blessés seulement; mais parmi eux, Mancini, neveu du cardinal, qui, quoique encore enfant, pour ainsi parler, se jetta bravement dans la mêlée et reçut quatre blessures dont il mourut [108].

Exaspéré, le peuple de Paris offroit au duc d'Orléans trois mille combattants pour chasser le cardinal hors du royaume; mais Son Altesse Royale n'avoit pas besoin d'être excitée.

Le cardinal Mazarin voyant la fureur de ces

tempêtes, résolut de s'adresser au roi et de lui demander, en récompense de tant d'années de bons services, la permission de sortir de France afin de rendre le repos à l'État.

Mais le roi ne vouloit pas entendre parler de se priver d'un premier ministre qui n'étoit coupable que de l'avoir bien et fidèlement servi. « Il ne le devoit pas, disoit-il, parce que ce seroit recevoir la loi de ses sujets. » Néanmoins, pour enlever aux princes toutes sortes d'excuses, il pensa qu'il conviendroit de laisser fléchir sa royale clémence et de permettre au cardinal de s'éloigner. Il finit en conséquence par accorder à Mazarin la permission qu'il demandoit, et par autoriser le ministre à quitter le royaume où tant de gens désiroient son départ.

Il le nomma en conséquence son plénipotentiaire et l'envoya en Flandre traiter de la paix entre les deux couronnes de France et d'Espagne. Ayant donc laissé la cour à Compiègne, et ses amis avec de bonnes espérances, Mazarin partit bien accompagné et se rendit à Bar-le-Duc, où il se proposoit de résider jusqu'à ce qu'il eût reçu de nouveaux ordres du roi[109].

Dès que l'éloignement du cardinal fut connu, le duc d'Orléans, d'accord avec le Parlement de la ville de Paris, envoya un courrier à la cour afin de solliciter de la bonté du roi des passe-ports pour les députés qui devoient aller demander la paix à Sa Majesté. Le roi répondit par une lettre sévère qui fut lue à l'audience du Parlement, en présence des. princes [110]; sur quoi on prit une bonne et prudente résolution.

Tous les tribunaux supérieurs, le corps de ville et les marchands rebelles supplièrent Sa Majesté de s'approcher de Paris et de donner la paix au royaume. Le duc d'Orléans fut prié de se joindre de sa personne aux députés de la cité pour procurer un accommodement et ramener le roi, promettant que les princes désarmeroient promptement et licencieroient leurs troupes étrangères dès que l'armée royale s'éloigneroit de Paris pour marcher contre l'ennemi commun.

Le roi, dans sa bonté, consentit à la paix. C'est pourquoi il rendit un édit d'amnistie générale. Cet acte, après examen, ne plut pas entièrement au duc d'Orléans et aux princes à cause des réserves et exceptions qu'il contenoit; mais les Parisiens exigeoient qu'il fût accepté tel quel, menaçant hautement ceux qui s'y opposeroient, de quelque qualité et condition qu'ils fussent [111]; et pour que le roi reçût tout de suite quelque satisfaction, comme de remettre le gouvernement et les choses de la ville dans leur premier état, ils proposèrent d'y consentir.

Pendant que les princes d'Orléans et de Condé restoient mécontents et tenoient de fréquents conseils, tous les députés de tous les ordres de Paris arrivèrent à la cour, se jetèrent aux pieds de Sa Majesté, qui avoit transféré sa résidence à Saint-Germain [112], s'humilièrent profondément devant elle et lui exposèrent avec larmes l'objet de leurs communs désirs ; lui représentant la renonciation de Beaufort au gouvernement de Paris, celle de Broussel à la prévôté des marchands [113], et tout ce qui pouvoit prouver qu'on rendoit au roi la révérence qui lui étoit due.

Sa Majesté répondit qu'elle avoit toujours aimé sa bonne ville de Paris, et que pour guérir les maux qu'ils enduroient, ils avoient le remède entre les mains ; que cependant, désireuse de complaire à ses sujets, et particulièrement à ceux qui lui avoient toujours été fidèles et obéissants, elle étoit résolue de retourner dans sa capitale ; qu'ils eussent donc à s'en aller et à tout préparer pour la rentrée de sa cour [114].

Ayant entendu cette gracieuse réponse, les députés partirent tout joyeux. Ce que le roi avoit commandé fut exécuté ; après quoi, plusieurs milliers d'hommes allèrent en grande pompe recevoir à Saint-Germain Sa Majesté, qui se rendit à Paris au milieu de démonstrations tout à fait dignes d'elle [115].

Le duc d'Orléans restoit dans une disposition d'esprit peu favorable, parce que, connoissant l'affection du roi pour le cardinal, il s'attendoit à chaque instant à voir Mazarin rappelé par Sa Majesté [116].

Pour le prince de Condé, qui avoit le cœur enclin aux révolutions, il voyoit bien que le roi vouloit être le maître; il savoit que le prince de Conti, son frère, et le duc de Longueville, son beau-frère, avoient fait connoître leur intention de vivre tranquilles et qu'ils l'exhortoient à les imiter; il savoit également que le populaire étoit las de souffrir; de sorte qu'à la fin, avec quelques-uns de ses plus fermes adhérents qui ne pouvoient plus paroître devant la Majesté qu'ils avoient tant offensée, il se déclara ouvertement ennemi du roi et s'allia avec le roi catholique pour faire la guerre à son seigneur naturel [117], sous la condition que la paix ne seroit pas conclue à moins que sa sûreté ne fût garantie par l'éloignement de Mazarin. Le roi rappela le cardinal à la cour avec la résolution de ne plus se priver de ses services, quelque événement qui pût en arriver [118].

Rétabli dans son poste de premier ministre, aimé et estimé du roi, de la reine et de la cour,

Mazarin s'appliqua à établir sa fortune dans le royaume en mariant ses nièces à des personnages éminents, comme il avoit fait excellemment de la première Mancini et du duc de Mercœur [119]; ce qui avoit été cause que la maison de Vendôme étoit remontée au degré de crédit et de grandeur dont elle étoit déchue.

En effet, la seconde Mancini, qu'il avoit voulu donner au duc de Candale et dont le mariage avoit été empêché par les troubles du royaume, fut unie au prince de Conti [120]; convertissant ainsi en une ferme et permanente amitié cette grande aversion que le prince sembloit inflexiblement nourrir contre le cardinal.

La troisième nièce épousa le sérénissime prince héritier de Modène [121], à la très-vive satisfaction du sérénissime duc et de toute la sérénissime maison d'Este, qui se promettoit de trouver de grands avantages dans cette alliance.

Quant à la quatrième nièce Mancini, douée de plus d'esprit que les autres, d'une rare et vertueuse nature, d'une singulière beauté, aimée et favorisée du roi, elle fut en fin de compte mariée au sérénissime prince Eugène de Savoie, frère de Son Altesse Royale, avec le consentement de cette Altesse et de Madame Royale [122], sa mère. A dire vrai, le cardinal

Mazarin s'étoit flatté de l'allier à un sang beaucoup plus auguste. Il usa de tout l'artifice dont il étoit capable pour faire avec l'original ce que Cornaro fit avec la copie, je veux dire avec le portrait d'une de ses sœurs, auprès du roi de Chypre : il vouloit que le Roi Très-Chrétien devînt amoureux de sa nièce ; et peu s'en fallut qu'il ne réussît dans son dessein. Mais s'il ne put s'attacher au tronc de l'arbre, il parvint du moins à se prendre aux branches, qui sont les parents et le sang royal.

Deux autres nièces pareillement nubiles sont en France dans un monastère. Autant qu'on peut le savoir, il est question de les marier dans les plus nobles et principales maisons de France. J'ai entendu dire qu'il vouloit donner l'une au duc François de Lorraine, qui recevroit du roi l'investiture de son duché, et l'autre au duc de Longueville ou à La Meilleraie. Quelques-uns parlent de la casa Ursina des ducs de Porantano, à Rome [123].

Il y a encore L. Mancini, son neveu, à qui, bien qu'il ne soit qu'un enfant, on a déjà conféré les emplois les plus honorables. On tient pour certain qu'il sera un jour un des plus grands seigneurs de France, et qu'il est destiné à continuer le nom et la maison de Mazarin [124]. J'ai fini. J'ai dit à Votre Altesse quelles ont été la naissance et la vie de Jules Mazarin.

Nous l'avons vu naître d'un domestique (1), et réciter dès son enfance des sermons d'abord, ensuite des comédies sacrées et profanes. Nous l'avons vu successivement écolier, bel adolescent, joueur et joueur toujours heureux, domestique et fiancé en Espagne, à Rome étudiant, docteur, capitaine, secrétaire, marchand de bijoux, prélat, vice-légat d'Avignon, nonce extraordinaire en France, cardinal de la sainte Église. Nous l'avons vu encore premier ministre de Louis XIII, et chargé par le roi mourant de la tutelle de Louis XIV; ministre favori de la régente; accusé et chassé de France; rentré dans ce pays comme chef de troupes mercenaires; élevé de nouveau au rang de premier ministre; banni pour la seconde fois par le Parlement de Paris; injurié et maudit par le peuple; justifié par le roi et déclaré innocent; renvoyé cependant pour apaiser la fureur du peuple, non-seulement de la capitale, mais encore de tout le royaume; nommé en même temps plénipotentiaire pour traiter de la paix entre les deux couronnes de France et d'Espagne; rappelé enfin par Sa Majesté, et, après tant de singuliers retours de fortune pendant vingt-neuf ans de services rendus à cet État,

(1) Ce mot est pris ici dans son ancienne et honorable acception. Il signifie que le père de Mazarin faisoit partie de la maison d'un grand seigneur.

rétabli définitivement par l'affection incomparable du roi dans une position si élevée, si solide, fortifiée d'alliances si nombreuses et si illustres, qu'il paroît impossible aux plus puissants, je ne dis pas de le renverser, mais de l'ébranler. On peut donc affirmer aujourd'hui que Mazarin est l'arbitre non pas seulement de la France, mais de toute l'Europe. Nos temps modernes n'ont pas vu de plus grands miracles que ceux qui se sont accomplis à Paris. Il faut remonter bien haut dans l'histoire de Rome pour en voir de pareils; et le monde entier n'en verra jamais de plus extraordinaires.

NOTES

NOTES.

1. Benedetti (*Raccolta di diverse memorie per scrivere la vita del cardinale Giulio Mazarini*, etc.) donne au père de Pierre le nom de Girolamo. Naudé parle de ce premier Mazarin dans son *Jugement de tout ce qui a été imprimé contre le cardinal Mazarin depuis le sixième janvier jusqu'à la déclaration du 1ᵉʳ avril 1649*; mais il ne le nomme pas. Galeazzo Gualdo Priorato (*Histoire du ministère du cardinal Mazarin*), Aubery (*Histoire du cardinal Mazarin*), Alfonso Paioli (*Vite del cardinale Giulio Mazarini, è di Oliviero Cromwell*), n'en font pas la moindre mention.

2. Philippe Colonna, duc de Paliano et de

Taliacoti, connétable du royaume de Naples, mort le 11 avril 1639. Sa femme, Lucrèce Tomacelli, étoit la dernière héritière de son nom.

3. Le texte de la *Rivista* porte *Ruffalini*. Est-ce une faute d'impression? C'en est une assurément qui, dans le texte imprimé, a placé après les mots *di Casa Ruffalini* la virgule qui doit être avant dans le manuscrit; en sorte qu'il faut dire : « une demoiselle de la maison Buffalini, » comme nous transcrivons ici, et non suivant notre première version : « une demoiselle protégée de la famille Buffalini. » Le copiste du manuscrit 10 487² du *Fonds Baluze* a écrit : « une demoiselle, sa filleule, de la maison Rusd (*sic*). » Dans le n° 5485 du *Supplément françois* on lit : « une demoiselle, sa filleule, de la maison Buffalini, nommée Hortensia. »

4. Les n°ˢ 10 487² du *Fonds Baluze* et 5485 du *Supplément françois* ajoutent ici : « Après avoir vu ses trois nièces alliées au sang royal, il passa à la gloire éternelle en 1656; » mais ils ne reproduisent pas la fin du paragraphe.

5. Tel est le récit de notre biographe. Avant lui, les pamphlétaires de la Fronde en avoient

dit quelque chose, mais avec cette exagération passionnée qui fait souvent d'une vérité un mensonge et une calomnie. Ils ne savoient apparemment rien que par tradition, par ouï-dire. C'étoit en quelque sorte la voix publique qui les avoit instruits. Plus empressés de publier que de vérifier les rumeurs qui s'étoient répandues à la cour, dans les ruelles, dans les antichambres, dans les galeries du palais, sur le Pont-Neuf, ils en avoient pris sans scrupule ce qui flattoit leur haine ; ils y-avoient même ajouté par une singulière émulation de ressentiments et de violence ; de là ces tristes fables où Pierre Mazarin est pirate, curé de village, tavernier, et où, comme dans *la Vérité toute nue*, etc., le cardinal est appelé « le fils du fermier et de la bâtarde du moine Buffalini, » sans parler de celles où sa mère est outragée avec le plus affreux cynisme. Les mieux informés tombent encore presque toujours dans des confusions étranges ; mais tout n'est pas faux dans les bruits dont ils se font les échos ; et si mêlées d'erreurs que soient leurs assertions, elles ne doivent pas être rejetées tout entières. La *Mazarinade* raconte que

> De Mazara vient Mazarin,
> Des Canaries, Canarin,
> Comme on dit le Manceau du Maine,
> Le Tourangeau de la Touraine.

Mazara est ici le Castel-Mazarino du biographe.

« Je connois son pays, lit-on dans la *Lettre du chevalier Georges de Paris à monseigneur le prince de Condé;* et la Sicile, qui ne l'avoue que pour notre honte, m'a fait savoir son origine chez un cabaretier de ses parents en la ville de Palerme à mon retour de Malte. J'y ai su la banqueroute de son père, qui étoit chapelier et boutonnier de son métier, et comme il (son père) se retira à Rome, où le père Julio Mazarini, jésuite, son frère, le mit en condition. »

« On sait, dit à son tour l'auteur de la *Lettre d'un religieux envoyée à monseigneur le prince de Condé,* etc., on sait que son aïeul étoit un pauvre chapelier, Sicilien de nation, qui eut la fortune si peu favorable qu'il fut contraint de faire banqueroute et de quitter son pays. Son père, étant jeune et dans cette indigence, commença ses services à Rome dans une écurie à panser des chevaux, et peu après, s'avançant, devint pourvoyeur et maître d'hôtel de la maison d'une personne de condition. »

Enfin le pamphlétaire qui a écrit la *Lettre du père Michel, religieux ermite de l'ordre des Camaldules, près Grosbois, à monseigneur le duc d'Angoulême,* rapporte que le cardinal Mazarin tiroit son origine des ennemis et des bourreaux de Jésus-Christ. « Je l'ai appris dans une de nos maisons religieuses d'Italie, où le bruit de sa fortune prodigieuse rappela presque aussi soudainement la mémoire de ses ancêtres chez ceux qui étoient de son pays, qui m'ont assuré qu'il étoit né à Palerme de Pierre Mazarin, marchand de chapelets, qui changea de pays par banqueroute et par la force du destin et de la malédiction des juifs qui portent la peine de leur péché par toutes les nations de la terre. Les pères de ce Pierre étoient de la ville de Mazarini, où ils abjurèrent la profession du judaïsme ; et se voyant sans surnom dans une religion nouvelle, ils prirent celui de la ville de leur naissance, sous lequel ils furent baptisés. » .

Voilà quelques exemples des confusions qui se remarquent dans les pamphlets les plus célèbres. Suivant le *Chevalier Georges* et le *Père Michel*, c'est le père de Mazarin qui a fait banqueroute ; c'est l'aïeul, au dire du *Religieux*, qui en cela se montre mieux informé, mais qui se jette aussitôt dans une autre erreur quand il les conduit tous deux à Rome. Cependant il y a sous ces versions diverses un fond commun qu'il est aisé de reconnoître. La famille de Mazarin empruntoit son origine et son nom de Mazara, Mazarini, ou Castel-Mazarino en Sicile ; un de ses membres a été artisan chapelier, au rapport du *Chevalier Georges* et du *Religieux ;* marchand de chapelets, s'il faut en croire le *Père Michel*, dont l'opinion pourroit être ramenée à celle des deux premiers par une simple explication de mots; il est mort, non pas banqueroutier, l'expression seroit trop dure, et elle ne seroit pas légale, mais insolvable ; Pierre, venu à Rome, est entré en condition chez un grand seigneur. Ajoutons le nom du connétable Colonna, et nous aurons presque le récit du biographe.

Naudé a essayé de réfuter les pamphlétaires dans son *Mascurat*. Voyons comment. Il avoit un moyen bien simple de confondre tous les mensonges et toutes les calomnies, lui bibliothécaire du cardinal : c'étoit de produire les titres. L'arbre généalogique des Mazarins ne devoit pas lui être difficile à dresser. Or, nous aurons à remarquer qu'il ne remonte qu'avec hésitation jusqu'au grand-père de Jules, dont il ne dit pas même le nom. Et quand Saint-Ange, peu satisfait de son argumentation, lui objecte « qu'on appelle cela gauchir aux coups que l'on ne peut éviter, » il répond assez naïvement : « Puisque tous ces moines et chevaliers n'attaquent la noblesse des Mazarins que par des ouï-dire, pourquoi ne me sera-t-il pas permis de la défendre avec de pareilles armes? » Il n'éprouve pas cet embarras et il n'a pas cette

défaillance quand il parle des Mancini et des
Martinozzi. Il fait d'ailleurs un aveu qu'il est
à propos de noter tout d'abord : c'est que
« rien n'empêche de croire que la famille de
Mazarin a pris son nom de Mazara pour en
être seulement originaire. » Cet aveu, il en
dissimule très-habilement la portée sous une
savante et longue dissertation qui a pour but
de rattacher les Mazarins du dix-septième siècle
à un *Joannes Mazarinus* des Vêpres siciliennes,
lequel pouvoit aussi bien s'appeler *Marinus;*
mais entre les deux époques il ne trouve rien,
absolument rien, sinon que des parents de
Joannes Mazarinus ou *Marinus* se retirèrent
peut-être à Gênes, « avec laquelle, comme Zu-
rita le remarque, les Siciliens firent incontinent
après une très-étroite alliance ; » puis, qu'ils
retournèrent encore à Palerme « pour remettre
en valeur les biens qui restoient en nature. »
Il retombe donc au travers de trois siècles tout
entiers sur le père de Pierre : « On peut dire
assez probablement que le grand-père dudit
cardinal avoit trois fils, dont les deux plus âgés
prirent l'habit de religion, l'un en celle des Jésuites, savoir le P. Jules Mazarin, et l'autre
sous la règle des Capucins, et que pour le troisième, il l'amena à Rome lorsqu'il n'étoit âgé
que de sept ou huit ans. » Quoi ! c'est là tout
ce qu'il sait ! Et il vivoit familièrement dans la

6

maison du cardinal, dont il connoissoit les plus
anciens domestiques italiens! Encore ne ha-
sarde-t-il ce qu'il sait que comme une con-
jecture assez probable ; en quoi il a raison.
Nous verrons tout à l'heure qu'un autre serviteur de son maître n'est pas d'accord avec lui.

Comment s'appeloit le père de Pierre, grand-
père du cardinal ? Quelle étoit sa condition ?
Pourquoi est-il allé à Rome ? En quelles circonstances ? Comment y vivoit-il ? Naudé n'a de
réponse à aucune de ces questions. Après les
quelques lignes que nous avons citées, il ne
parle plus de ce chef de la *Casa* Mazarine qui
l'embarrasse. Il a tant de hâte de lui échapper
que, répondant à l'accusation de banqueroute,
il se contente d'en laver Pierre seulement,
comme si le *Religieux* ne l'avoit pas portée
expressément contre l'aïeul de Jules. Il la re-
pousse, au reste, par cette unique raison,
« qu'elle étoit de l'invention d'un certain moine
crotté, rabougri, ratatiné, fol et enragé à
médire de tout le monde. » Ce n'est pas assez.

De même, ce n'est pas assez de dire que
Pierre étoit « un gentilhomme bien né et assez
accommodé des biens de fortune pour se contenter de la part que Dieu lui avoit faite. »
Où sont les preuves ? Il s'agit du père de son
maître ; et Naudé, qui n'a certes pas improvisé
le gros volume in-4° de son apologie, qui s'est

donné le loisir de compulser les historiens, les poëtes, les moralistes, n'a pas seulement un acte de naissance à montrer! Il n'invoque qu'une seule présomption, et la voici : « Il (Pierre) s'insinua si bien aux bonnes grâces et en la familiarité et amitié intime du connétable Colonna, qu'en cette qualité-là il fut toujours employé aux affaires les plus honorables et les plus importantes, tant dudit connétable que de sa femme, la signora Lucretia Tomacelli, laquelle, pour avoir été la plus superbe dame de son temps, n'auroit eu garde, non plus que son mari, qui étoit presque insupportable lorsqu'il s'agissoit de maintenir les prérogatives de sa noblesse, de se servir d'un homme en des emplois si relevés qui n'auroit pas eu les preuves nécessaires pour justifier la sienne. » A la bonne heure, c'est fort ingénieux ; mais il n'en reste certainement qu'une chose, à savoir : que Pierre fut en condition à Rome, comme le disent le *Chevalier Georges* et le *Religieux*, en condition chez le connétable Colonna, suivant le récit très-précis et très-détaillé du biographe.

Benedetti aussi bien le raconte expressément. L'abbé Elpidio Benedetti étoit à Rome agent du cardinal Mazarin. Ce fut un habile et zélé serviteur qui eut une part dans les affaires mêmes du roi, et qui s'y conduisit avec assez d'intelligence et de fidélité pour que le cardinal, dans son codicille du 6 mars 1661, suppliât Sa Majesté de lui conserver la pension de 3000 livres qui lui avoit été payée jusque-là. Il a publié après 1653 un petit volume in-4° qui est intitulé : *Raccolta di diverse memorie per scrivere la vita del cardinale Giulio Mazarini, Romano, primo ministro di Stato nel regno di Francia;* et en 1661 un autre volume, de format in-folio, avec gravures, qui porte pour titre : *Pompa funebre nell'esequie celebrate in Roma al cardinal Mazarini nella chiesa di S. S. Vincenzo e Anastasio,* etc. Dans le premier de ces deux ouvrages, il trace une rapide esquisse de la vie du cardinal ; et, comme Naudé, il fait remonter l'origine des Mazarins à *Joannes Mazarinus* ou *Marinus;* mais il n'a garde de prendre la responsabilité de cette témérité généalogique. « On en donnera, dit-il, des preuves assez authentiques dans un traité particulier ; cependant je me restreindrai à parler seulement de la naissance de Pierre Mazarin, père du cardinal, et de Girolamo, son aïeul, pour réfuter le mensonge de ceux qui ont voulu obscurcir la clarté de son extraction. « C'est donc toujours au grand-père de Jules qu'il faut s'arrêter. Plus haut, toute lumière manque. Les ténèbres sont complètes. Benedetti affirme que Girolamo, le premier des Mazarins, naquit à Palerme. Il cherche ensuite à prouver la noblesse du personnage; mais il n'a pas lui-même une grande confiance en ses preuves. S'il invoque des actes d'acquisition qui auroient été passés chez des notaires de cette ville et où Girolamo seroit qualifié *nobilis januensis*, il ne les cite pas; il n'en donne pas même les dates. Pourtant il indique parmi les biens ainsi achetés une maison assez noble, dit-il, située dans une *loggia* de Palerme, sur la façade de laquelle seroit une statue de Charles-Quint, donnée par cet empereur, suivant la tradition, en mémoire de la résidence qu'il y avoit faite; et il assure que cette maison, au temps où il écrivoit, appartenoit à Domenico del Bene, neveu de Pierre. Puis il ajoute que les autres biens furent vendus par Pierre lui-même, « ainsi qu'on peut en acquérir la certitude sans beaucoup de peine. » Mais puisque la peine devoit être si légère, pourquoi ne l'a-t-il pas prise? C'étoit à lui d'établir la possession de del Bene et les ventes de Pierre. S'il faut l'en croire, Girolamo épousa Marguerita des Franchi e Posseveri, « familles assez qualifiées de Palerme; ce qui prouve assez sa noblesse. » Peut-être; mais il faudroit d'abord que le mariage lui-même fût prouvé. Benedetti ne lui assigne pas même une date. Remarquons d'ailleurs avec quelle timidité il se retranche derrière le mot *assez:* des preuves *assez* authentiques, une maison *assez* noble, des familles *assez* qualifiées, une noblesse *assez* prouvée. Ce n'est pas le langage de la conviction.

Au lieu de trois garçons que Naudé attribue à Girolamo, Benedetti n'en compte que deux, Pierre et Angelo qui vécut sous la règle des Capucins et y mourut en odeur de sainteté. En revanche il lui donne quatre filles, « alliées, dit-il, aux familles del Bene, la Ficiarra, Castaldi et Arrighi, qui sont des premières de la ville ou qui s'y rattachent par leurs alliances. » Soit ; mais ne pouvoit-il pas appuyer ses affirmations au moins sur une pièce authentique ? Lui étoit-il impossible de se procurer, nous ne disons pas le contrat, mais l'acte de mariage seulement d'une des filles de Girolamo ? N'oublions pas qu'il répond à des opinions qu'il appelle des calomnies ; et il n'a ni un nom ni une date. C'est beaucoup de confiance ou beaucoup de négligence.

Pierre naquit dans la maison à la statue de Charles-Quint ; et il fut baptisé dans l'église de Saint-Jacques en 1576. De ce qu'il est appelé Pietro Mazarini dans son acte de baptême, Benedetti conclut « qu'il ne prit pas le nom de Mazarin de sa naissance dans le Castel-Mazarino ; » c'est juste ; mais plus hardi que Naudé, il ajoute : « D'où il est très-vraisemblable qu'il l'a reçu comme seigneur du lieu, suivant la coutume italienne. » La conséquence seroit évidemment forcée s'il ne s'en étoit pas tenu à la vraisemblance.

Tout jeune encore, Pierre resta orphelin. Ce fut alors que son oncle naturel, le P. Giulio, jésuite, celui dont Naudé a fait un fils de Girolamo, le conduisit à Rome. Il lui fit étudier les humanités, la philosophie et les lois. Après quoi, « il lui vint en la pensée de transplanter dans le Latium cet arbre qui devoit porter des fruits dignes du nom romain. » Il le maria en conséquence à Hortensia Buffalini. Benedetti nous paroît passer un peu vite sur la jeunesse de Pierre, d'autant plus qu'il en note ailleurs une circonstance qui demande à être expliquée. Parlant des biens qui furent achetés par Girolamo et vendus en partie par Pierre, il dit que ce qui en restoit, bien que d'un produit moindre des deux tiers, suffisoit encore « à l'entretien d'une honorable famille; » « par où se voit, ajoute-t-il, combien est fausse l'opinion de ceux qui qualifient de besoigneux l'état médiocrement aisé de Pierre après la diminution susdite de son revenu causée par quelque traverse de sa jeunesse. »

Quelle traverse? Benedetti s'en tait; mais notre biographe nous la fait connoître : c'est l'insolvabilité de Girolamo. Pierre dut abandonner les biens propres de son père aux créanciers ; ce sont les ventes de Benedetti. Il ne retint que la dot de sa mère, dot suffisante ou insuffisante pour son entretien, suivant qu'on se rangera de l'avis de Benedetti ou du biographe. Remarquons, en tout cas, que le premier convient de « l'aisance médiocre » de Pierre ; ce qui laisse une bien petite distance entre lui et le second.

Riche ou pauvre, besoigneux ou aisé, Pierre Mazarin entra au service du connétable Colonna. Benedetti veut qu'il ait dû son emploi à l'abbé et au commandeur Buffalini, frères d'Hortensia, dit-il. Nous pourrions contester cette qualité ; suivant Paioli en effet, Hortensia, qu'il appelle bien Buffalini, vivoit simplement sous la protection de cette très-noble maison ; et l'acte de baptême du cardinal ne la désigne que par son prénom : *Filius Petri Mazarini Palermitani et dominæ Hortensiæ, uxoris ejus.* Il étoit d'usage en Italie que les protégés d'une illustre famille en reçussent le nom par courtoisie. C'étoit une liberté permise dans les rapports de société ; ce n'étoit pas un droit consacré par des actes authentiques. Mais nous n'insisterons pas. Ce que nous voulons constater ici, c'est la présence de Pierre dans la maison du connétable. Voici le passage de Benedetti : « Deux frères d'Hortensia servoient alors honorablement dans la très-noble maison de Colonna : l'un, l'abbé; l'autre, le chevalier Buffalini, commandeur de Malte. Ils introduisirent Pierre dans la connoissance et la confiance du connétable don Philippe, prince d'une grande sagesse et prudence, qui goûtant la vivacité et la nature franche de Mazarin, l'honora de son affection particulière, le regarda toujours d'un œil complaisant comme faisant partie de sa domesticité, et commit à la droiture de son serviteur le gouvernement de plusieurs lieux de ses États où celui-ci, par une conduite tour à tour ferme, douce, prudente et toujours juste, sut s'attirer les louanges des sujets et du prince. »

Ce n'est pas le seul passage de Benedetti qui rappelle les paroles du biographe. Citons-en un autre : « Pierre étoit vraiment doué de qualités assez rares et signalées. Il étoit homme de cœur, peut-être trop livré à ses ressentiments dans sa jeunesse; et dans sa vieillesse il s'abandonnoit aisément à la colère. Il se montroit très-religieux observateur des lois de l'amitié et gardoit sa parole avec un pieux respect. Il étoit très-officieux et parfaitement économe. Surtout il savoit se tenir avec une admirable constance dans une disposition d'esprit toujours égale, disposition qui ne fut altérée ni dans la prospérité de ses deux fils, car-

dinaux, ni dans la douleur qu'il ressèntit de la
perte de Michel, ni dans les épouvantables revers de la fortune de Jules; soutenu qu'il étoit
par la considération des malheurs d'autrui et
des vicissitudes de l'humanité, il vécut en phi-
losophe chrétien et demeura volontairement
dans sa condition de simple gentilhomme. »

Ni Alfonso Paioli ni Gualdo Priorato ne
parlent de l'origine des Mazarins. Le premier
dit simplement : « Mazarino est un lieu obscur du royaume de Sicile ; mais il sera très-
cher aux siècles à venir pour avoir donné son
nom à un astre très-resplendissant du christia-
nisme. Là naquit dans la pauvreté et une basse
condition, Pierre, père de Jules. » Aubery reprend la thèse de Naudé sur *Joannes Mazarinus* ou *Marinus ;* il y ajoute un nouveau détail : c'est que ceux de la famille du héros sicilien qui abandonnèrent leur patrie n'y retournèrent pas tous, et que plusieurs restèrent à
Gênes et dans la Ligurie ; mais de là il arrive
brusquement à Pierre, qui ne lui sert en quelque façon que de transition pour entrer dans
les louanges de la *Casa* Buffalini. Il ne sait
rien ni du père, ni de la naissance, ni des
emplois, rien en un mot de la vie de Pierre.
C'est bien de la discrétion pour un historien
pensionné du cardinal ! Aubery commence
pourtant son histoire par ces mots : « Il y au-

roit sans doute quelque chose à redire, si on voyoit paroître tout à coup un souverain ou un ministre sans qu'on sût ni où ni de qui il seroit né. »

On a remarqué sans doute qu'il y a autant ou plus de différences entre Naudé et Benedetti, l'un bibliothécaire et l'autre agent du cardinal, qu'entre eux et le biographe. Tous trois sont d'accord pour ne pas remonter dans la généalogie des Mazarins plus haut que le grand-père de Jules ; tous trois disent, quoique avec plus ou moins de franchise et de netteté dans les termes, que Pierre étoit médiocrement doué des biens de fortune ; tous trois enfin racontent qu'il servit le connétable Colonna.

Terminons cette note déjà longue par quelques mots sur le P. Jules Mazarin. On a vu que, suivant Naudé, il pouvoit être fils de Pierre, dont Benedetti veut qu'il ait été frère. M. Cousin (*la Jeunesse de Mazarin, Revue des Deux-Mondes*, livr. du 15 mars 1860) le fait, à son tour, frère de Girolamo et grand-oncle du cardinal. Il se pourroit en définitive qu'il n'appartînt pas à la même famille. Notre biographe ne le nomme pas une seule fois. Les pères Augustin et Aloïs de Backer, dans leur *Bibliothèque des écrivains de la Compagnie de Jésus*, ne disent de lui rien qui le rattache au premier ministre de Louis XIV, si ce n'est qu'il naquit à Palerme. Il fut admis dans la Compagnie, ajoutent-ils, en 1559, à l'âge de quinze ans; enseigna la philosophie à Palerme et la théologie à Paris; gouverna les collèges de Gênes et de Ferrare, la maison professe de Palerme; brilla pendant quarante ans dans les principales chaires de Sicile et d'Italie, et mourut à Bologne le 22 décembre 1622. S'il étoit vraiment de la famille du cardinal, il ne pouvoit être, suivant l'opinion de M. Cousin, que frère du grand-père de Jules. Dans ce cas, Naudé auroit peut-être eu raison de penser que les Mazarins se réfugièrent à Gênes après les Vêpres siciliennes; car les pères de Backer assurent que le P. Jules descendoit de parents originaires de cette ville. Mais tout cela est bien obscur. On a une traduction françoise des *Cent Discours* du P. Jules Mazarin sur le psaume *Miserere mei, Deus*, par le F. N. de La Rue, mineur observantin constantinois; Paris, 1610.

6. C'est une erreur que Naudé a partagée, et avec lui le P. Sylvestro Pietra-Santa, jésuite, et M. Bosquet que cite *Mascurat*. La maison de la rue de Trevi étoit, il est vrai, celle de son père, par conséquent celle où se passèrent son enfance et sa jeunesse; mais le fait est qu'il vint au monde à Piscina ou Pescina, sur

la rive orientale du lac Celano, dans l'Abruzze ul-
térieure IIe. Benedetti nous apprend dans quelle
circonstance : « Pierre avoit coutume d'aller
de temps en temps à Piscina en Abruzze où son
beau-frère, l'abbé Buffalini, possédoit un riche
bénéfice. Il y fit un voyage en 1602 avec sa
femme qui étoit enceinte. La chaleur acca-
blante de l'été qui rendoit plus pénible la gros-
sesse de celle-ci, l'empêcha de retourner à
Rome ; et le 14 juillet, jour de saint Bonaven-
ture, Hortensia accoucha de son premier né,
bien nommé Jules, qui naquit coiffé et avec
deux dents, respirant je ne sais quel air de joie,
bien différent de ce penchant aux larmes qui
est la condition ordinaire de la naissance des
autres hommes... Quelques mois après, Pierre
reprit le chemin de Rome, avec son enfant à
la mamelle, et rentra dans son habitation située derrière la *Rione del Trevi*, sur la paroisse des SS. Vincent et Anastase. » L'erreur de notre biographe est ainsi expliquée, et
on peut ajouter, excusée ; mais il est plus difficile de dire pourquoi Aubery qui marque la
date, ne nomme pas le lieu de la naissance de
Jules, si ce n'est qu'encore sous l'influence des
souvenirs de la Fronde, les amis et les apologistes du cardinal Mazarin ne vouloient pas
avouer qu'il étoit né, même accidentellement,
dans un pays placé sous la domination des

Espagnols. Gualdo Priorato qui n'a pas les mêmes scrupules, ajoute sans embarras le nom de Piscina au jour du 14 juillet 1602. Paioli donne la date du 15 juillet ; nous ne savons pas pourquoi. Mais il indique bien la date de 1602 et la ville de Piscina.

7. On a vu dans la note précédente que Benedetti parle de la coiffe de Mazarin comme le biographe. — Paioli dit également que Jules « naquit enveloppé d'une pellicule ou membrane très-subtile. » Aubery s'exprime ainsi : « on a écrit qu'il étoit né coiffé et avec deux dents. »

8. Les n°s 10 487[2] du *Fonds Baluze* et 5 485 du *Supplément françois*, portent : *Nell' oratorio de R. R. P. P. della chiesa nuova della Congregatione di S. Filippo Neri e nel monte di S. Onofrio.* L'église nouvelle seroit donc la même que l'oratoire des pères de Saint-Philippe de Néri.

9. Les merveilles de la première enfance du cardinal Mazarin sont racontées par Benedetti avec des circonstances qui rappellent en quelques points ce passage du biographe : « Dans ses plus tendres années, Jules montra son esprit en récitant avec une merveilleuse vivacité et une grâce charmante des sermons

pendant les exercices spirituels des pères de l'Oratoire. Il mettoit dans son action une si parfaite expression d'intelligence qu'elle faisoit douter aux auditeurs si ce qu'ils admiroient étoit un produit de son génie au-dessus de l'enfance ou un effet de sa mémoire. » Tous les historiens d'ailleurs s'accordent à dire que le jeune Mazarin fit ses études avec le plus grand succès au collége romain sous les pères jésuites. Naudé nomme tous les professeurs dont il reçut les leçons depuis la troisième : les PP. Pietra Santa, Titiano, Flamiano Strada, Tarquinio Galluci, Alessandro Donato, Vincenzo Guinigi, Torquato de Cuppis et Christoforo Grienberperio ; Aubery parle des thèses de physique qu'il soutint sous le P. Conti et « où il se fit particulièrement admirer ; » mais ils s'arrêtent là. Benedetti va un peu plus loin. Il convient des efforts que les jésuites firent pour l'attacher à leur compagnie par les liens de la fraternité religieuse : « Jules, dit-il, commença à fréquenter le collége romain dès l'âge de sept ans ; et il y remporta tous les prix. Les jésuites, alléchés par l'appât de cette riche intelligence, s'efforcèrent de l'attirer à leur compagnie ; ils livrèrent à sa volonté de fréquents et bienveillants assauts ; mais il les repoussa à la fin de manière à leur ôter l'envie d'y revenir. »

`A son tour, Benedetti se tait sur les consé-
quences de cette rupture de Mazarin avec ses
maîtres. Il se contente de dire « qu'ainsi sorti
de l'enfance, Jules fut admis dans la familiarité des jeunes fils du connétable Colonna qui
étoient de son âge et dans les bonnes grâces
desquels il entra plus avant qu'aucun des autres
cavaliers romains. » Toutefois il laisse échapper plus loin une sorte d'aveu d'où on peut
conclure que le futur cardinal se livroit avec
passion aux plaisirs du monde et principalement au jeu : « Il s'étoit acquis une telle répu-
tion de générosité et d'exactitude qu'une parole du capitaine Mazarin étoit considérée par
ses amis comme le meilleur billet pour quelque somme que ce fût ; et la facilité avec laquelle il dépensoit l'argent , ne l'empêchoit pas
d'en avoir toujours en abondance. Je ne puis
taire ici un bon coup du sort qui lui arriva un
jour qu'il partoit de Milan pour quelque affaire. Une roue de son carrosse s'étant rompue
à la sortie de la ville, il fut contraint de s'arrêter un peu de temps. Il engagea en attendant
une partie de jeu ; et en une heure et demie, il
gagna 1500 sequins ; ce qui lui fit écrire spirituellement à Sachetti que la rupture de cette
roue avoit été pour lui un tour favorable de la
roue de la fortune qui, quand elle veut, sait
rendre avantageuses et profitables même les

disgrâces. » Gualdo Priorato ne loue pas moins Jules Mazarin « d'avoir cultivé si galamment au moyen du jeu, où il eut beaucoup de bonheur, la conversation des grands, qu'il s'acquit l'estime et la bienveillance de ceux qui le fréquentoient. »

Il est aisé de voir que les deux auteurs craignent d'insister sur ce point délicat de la vie du cardinal et qu'ils ne disent pas tout ce qu'ils savent.

10. Dans les manuscrits 10 487[2] du *Fonds Baluze* et 5 485 du *Supplément françois*, l'auteur ne dit plus qu'il a été témoin du retrait des habits et des bijoux, mais seulement qu'il a appris ce qu'il raconte, de la propre bouche de Mazarin. Au lieu de 4 ou 5 testons que prête le juif, il parle de 12 ou 15 Jules.

Le fond du récit n'est point altéré par ces légères différences. Il nous fait encore ici souvenir des pamphlétaires. La *Plainte du Carnaval et de la foire Saint-Germain* s'éloigne-t-elle en effet beaucoup de lui quand elle dit du cardinal ?

> Cet homme qui fait des dépenses
> En pommades et en essences
> Plus que n'en faisoient autrefois
> Pour leur maison les plus grands rois;

> Ce brelandier si fameux
> Qui sans le jeu n'était qu'un gueux ;
> Cet homme qui tient à grand gloire
> Et croît être bien dans l'histoire
> Pour avoir été le parrain
> Du hoc appelé Mazarin....

Le *Religieux* n'auroit-il pas pu s'appuyer sur le témoignage du biographe pour défendre ce passage de sa *Lettre* au prince de Condé : « Chacun sait : .... qu'il fit voyage à Venise et à Naples pour apprendre les piperies qu'on pratique dans les jeux de hasard, dont il devint maître si parfait en peu de temps qu'on lui donnoit par excellence le nom de pipeur ; » ou bien cet autre : « Jamais homme ne fut attaché plus que lui aux objets des sens.... N'at-il pas employé la fainéantise des moines d'Italie, trois années entières, à composer des pommades pour blanchir ses mains ? »

Nous pourrions en citer beaucoup d'autres ; car il n'y a pas de sujet de déclamation et d'injure plus familier aux pamphlétaires que le luxe du jeune cardinal Mazarin. Les exemples que nous venons de rappeler, suffisent au but de ce rapprochement, qui est de montrer encore une fois, et ce ne sera pas la dernière, qu'en fouillant les libelles de la Fronde, on n'est pas sans rencontrer au fond le terrain solide de l'histoire. Nous abandonnons la forme bien volontiers. Elle est grossière, violente, brutale ; elle a un feu qui brûle, et des aspérités qui déchirent. Si quelques parcelles de vérité y apparoissent, elle ne les revêt pas seulement ; elle les altère. C'est un méchant alliage de médisance et de calomnie. On en a la preuve dans le passage de la *Plainte du Carnaval* et dans ceux de la *Lettre* du *Religieux*. Ils touchent aux récits du biographe par les faits ; ils s'en écartent par l'intention et par l'expression. Ils tournent l'éloge en blâme et l'apologie en satire. Toutefois il reste cette remarque, c'est que les traits de la jeunesse de Mazarin n'étoient pas inconnus à Paris, et qu'on en savoit assez pour que la haine ou la malignité s'en fissent une arme redoutable contre le ministère du cardinal.

11. Girolamo Colonna, né le 23 mars 4604, créé cardinal en 1627, mort le 4 septembre 1666.

12. Voyez l'homme, voyez-le sans argent ; quelle brute ! N°s 10 487 [2] du *Fonds Baluze* et 5 485 du *Supplément françois.*

13. Les copistes des deux autres manuscrits ont ajouté : « L'une Julie, l'autre Jules ; l'une belle, l'autre beau. » La fille du notaire s'ap-

peloit-elle réellement Julie? Ce nom ne semble guère espagnol.

14. Voici comment la *Mazarinade* a travesti cette anecdote :

> Te souvient-il bien d'Alcala
> Quand, Ganymède ou Quinola,
> L'amour de certaine fruitière
> Te causa maint coup d'étrivière,
> Quand le cardinal Colonna
> De paroles te malmena
> Et qu'à beaux pieds, comme un briconne,
> Tu te sauvas de Barcelonne ;
> De Barcelonne tu gagnas
> Ton pays où tu besognas, etc.

Il est dit dans le *Segraisiana* qu'il n'y eut pas de pamphlet « qui fut aussi sensible » à Mazarin, précisément à cause de ce passage : « Le sujet de la colère de ce cardinal fut à l'occasion de ses amourettes avec une bouquetière qu'il vouloit épouser. » Que de vers de la *Mazarinade* pourtant semblent mieux expliquer le ressentiment du ministre ! Combien d'injures plus sanglantes et de plus poignants outrages ! S'il nous falloit produire ici nos preuves, nous n'aurions que l'embarras du choix, embarras autant causé par le nombre des citations qui se présentent sous notre plume, que par les mots orduriers qui les salissent et en rendent la répétition impossible. Sur quoi donc repose l'assertion du *Segraisiana?* On ne le voit pas. Qu'étoit-ce que cette histoire d'amourette? L'auteur avoit-il frappé juste en cet endroit? Avoit-il réveillé dans le cœur de Mazarin un souvenir encore douloureux et cher? L'insolence de son libelle s'étoit-elle attaquée a une personne dont le cardinal dut ressentir l'offense? Oui, ce fut là sa faute. D'un sentiment pur, il avoit fait une passion grossière; il avoit peint des couleurs du libertinage un amour légitime; il avoit transformé en fruitière d'Alcala la fille d'un notaire de Madrid.

Tous les historiens du cardinal parlent du voyage d'Espagne; mais ils en parlent très-diversement. Naudé dit que « Jules fut, en compagnie du cardinal Colonna, étudier à Alcala de Henarès, où il resta dix-huit mois à ses propres coûts et dépens. » Gualdo Priorato n'a rien su de cette dernière circonstance; au moins il n'en fait pas mention : « Son cœur, qui aspiroit toujours à quelque chose de grand, commença, dit-il, à prétendre à des choses nouvelles, de voir et de se rendre savant aux coutumes et aux mœurs des nations étrangères. Il passa donc en Espagne avec dom Hiérosme Colonna, fait depuis cardinal, et s'appliqua avec lui à étudier les lois dans l'université d'Alcala. » Aubery permet de croire que Mazarin

fut placé auprès de l'abbé Colonna, depuis cardinal, par l'abbé Buffalini, qui « avoit avec
le prince une habitude et une liaison très-
étroites. » En tous cas, il est d'avis que Jules
ne suivit pas les cours de l'université espagnole, qu'il « y donna seulement des preuves
et un échantillon de ce qu'il venoit d'apprendre au collége romain. » Benedetti le conduit
à Madrid avant de le faire aller à Alcala; il ne
prononce pas le nom de l'abbé Buffalini. Selon lui, c'est bien, comme le rapporte le biographe, Pierre Mazarin qui envoya son fils en
Espagne; c'est bien également en qualité de
chambellan du jeune Colonna que Jules fit ce
voyage : « Ses études de philosophie termi-
nées dans l'âge de dix-sept ans, dit-il, Mazarin se soumit à la volonté de son père qui, par
le conseil de son oncle Jules, lui fit faire un
voyage en Espagne avec le seigneur Girolamo,
aujourd'hui cardinal Colonna, qui le reçut
parmi les officiers de sa chambre (*in sua ca-
merata*). » Paioli n'a qu'une seule phrase ; la
voici : « Girolamo Colonna, fils du connétable,
qui mourut cardinal en 1666, étoit si charmé
des bonnes qualités de Jules, qu'il voulut l'a-
voir avec lui dans un voyage qu'il fit à Madrid. »

Naudé raconte que Jules retourna à Rome
parce que « ses affaires domestiques avoient

aucunement besoin de sa présence, et d'autant,
ajoute-il, qu'il ne se pouvoit accommoder à
l'humeur des Espagnols. » Cette insinuation
à l'adresse de la Fronde ne laisse pas que d'être
ingénieuse. Gualdo Priorato, qui écrit après le
rétablissement de Mazarin, la dédaigne, apparemment comme inutile. Il veut que le retour
de Jules n'ait eu pour cause que le désir de
défendre son père accusé de meurtre; mais
Aubery, qui n'oublie jamais son rôle d'apolo-
giste, la reprend et la développe en ces termes :
« L'opinion la plus commune est qu'il ne sut
jamais s'accommoder au naturel et à l'humeur
altière de la nation, insupportable à tout le
monde; d'où l'on n'a pas douté d'inférer qu'il
commença à prendre dès lors l'inclination et le
parti pour lequel il s'est depuis déclaré, tellement qu'on pourroit dire à peu près de lui ce
que M. d'Herbault, secrétaire d'État, écrit du
cardinal Barberini, qu'il étoit retourné d'Espagne tout François. » Toutefois il reconnoît
« qu'on a discouru et raisonné différemment
sur ce sujet. » Benedetti nous révèle un des
discours qu'on a tenus; il avoue qu'on a parlé
d'un mariage que Jules avoit voulu contracter
avec une jeune personne de médiocre condition ; mais il dément « cette fable » et soutient
avec Gualdo Priorato que Mazarin fut rappelé
par son père qui, poursuivi sous une accusation

d'homicide, se trouvoit privé de l'assistance de son second fils, entré tout récemment dans l'ordre des dominicains.

Paioli répète la *fable* avec plus de détails que Benedetti ; et il y croit : « Par un caprice du destin, Jules, un jour, ayant admiré une beauté excellente, aussi riche des présents de la nature que pauvre des biens de la fortune, en devint si épris qu'il résolut de l'épouser. Il s'efforça d'obtenir le consentement de Girolamo ; mais celui-ci, pour le détourner de cette folie, lui commanda de retourner à Rome et de demander la permission de son propre père, lequel, après avoir sévèrement reprimandé la légèreté de son fils, lui intima l'ordre de s'attacher à l'étude de la science et non à la vanité de l'amour. »

15. Benedetti a gardé le souvenir de cette représentation : « Jules, dit-il, n'avoit pas encore accompli ses vingt ans quand, à son retour d'Espagne, les jésuites, qui se souvenoient de ses rares talents, le considérèrent comme le sujet le plus propre à donner du lustre à la représentation solennelle qu'ils vouloient faire de *Saint-Ignace* dans le collége romain. Ils le décidèrent à se charger de la partie principale de l'opéra, qu'il porta si allègrement et où son esprit brilla d'un éclat si vif, qu'il n'y eut per-

sonne qui ne restât ravi et qui ne présageât une
haute fortune à tant de vivacité. »

16. Suivant le n° 10 487² du *Fonds Baluze*,
le célèbre lecteur de la Sapience s'appeloit
Cosmo Gentile. Le n° 5485 du *Supplement
françois* lui donne le même nom que la *Rivista*.

17. Des divers récits que nous avons comparés
sur le voyage d'Espagne, celui du biographe est
assurément le mieux suivi le plus complet, le
plus satisfaisant. Tout s'y lie et s'y enchaîne de
manière à ne laisser dans l'esprit ni hésitation, ni
doute : Jules, brouillé avec les jésuites, ses
maîtres, quitte le collége romain et mène une
vie dissipée. Il sent le besoin de s'éloigner de
Rome. Son père, pénétré également de la nécessité d'une absence, le présente à Girolamo
Colonna pour l'amener en Espagne. Pendant
son séjour à Madrid, il est enlacé dans une
sorte d'intrigue matrimoniale, dont le prince
le dégage en le renvoyant dans la ville éternelle. Le mécontentement du connétable lui
inspire la résolution et lui donne le courage
de surmonter sa passion. Il reprend alors le
cours de ses études ; et bientôt il est docteur
in utroque. Voilà qui est parfaitement clair,
qui se comprend bien. Il n'y a là ni lacune ni

réticence. Nous n'en pouvons pas dire autant
des autres récits. Gualdo Priorato explique le
voyage d'Espagne par une raison de fantaisie.
Naudé et Aubery ne l'expliquent pas du tout ;
Benedetti par davantage ; mais en faisant in-
tervenir le P. Jules, il montre évidemment
qu'il y avoit un motif grave de la décision sug-
gérée par l'oncle et prise par le père de Mazarin. Et ce motif, ne le découvre-t-on pas un
peu sous le passage suivant du même auteur :
« Dès l'école, Jules se fit remarquer par sa
manière très-noble de vivre, et sa coutume
constante de frayer avec des personnes d'une
condition au-dessus de la sienne. » Si des apologistes du cardinal, trois racontent qu'il retourna à Rome pour défendre son père contre
une accusation d'homicide, le quatrième, Aubery, n'en dit pas un mot. On a vu que Benedetti seul nomme Madrid, et que, s'il dément
le projet de mariage auquel Aubery fait peut-
être allusion, il avoue pourtant qu'on en a
parlé. Il est d'ailleurs d'accord avec le biographe sur plusieurs points : sur la rupture avec
les jésuites, sur la part que Pierre eut à l'entrée
de son fils dans la maison de Girolamo Colonna, sur l'emploi de chambellan et sur la représentation de *Saint-Ignace*. C'est une obser-
vation que nous aurons encore plus d'une fois
occasion de renouveler.

18. Naudé veut que Jules ait été capitaine dans le régiment de Sachetti; en quoi il se trompe. Cualdo Priorato est plus exact quand il raconte que, « comme il étoit favorisé de la maison Colonna, Mazarin obtint la lieutenance de la compagnie Colonelle du régiment de trois mille hommes du prince de Palestrina, à la suite duquel il s'en alla à Milan. » Toutefois, il y a là encore deux erreurs. Voici, en effet, le récit de Benedetti : « Lors de l'expédition de la Valteline, il résolut de tenter la fortune par cette voie, déterminé surtout par l'heureuse occasion qu'il eut d'obtenir du prince de Palestrina, de la maison Colonna, qui commandoit dans l'armée un régiment de trois mille hommes, sa compagnie Colonelle d'infanterie, dont les quartiers furent assignés à Lorette et à Ancône. » Benedetti vante, comme notre biographe, la supériorité d'esprit que déploya Mazarin; mais il y ajoute « la distinction de la tenue, de la table et du logement, qui étoit, dit-il, toujours extraordinairement honorée des gouverneurs et des cardinaux du voisinage. »

19. Maffeo Barberini, pape le 6 août 1623, sous le nom d'Urbain VIII, mort le 29 juillet 1644.

Anne, fille de Philippe Colonna, duc de Pa-

liano et de Taliacoti, et de Lucrèce Tomacelli,
fut mariée en 1627 à Tadeo Barberini, prince
de Palestrino, préfet de Rome et général de
l'Église, mort à Paris en 1647.

20. Jean-Jacques Pancirolo, patriarche de
Constantinople, cardinal en 1642, mort à Rome
le 3 septembre 1651.

21. Ce récit, il faut en convenir, est fort
incomplet. Le biographe , évidemment, ne
s'est proposé de raconter que l'incident capital
de 1630, celui dont Mazarin fut le héros. Nous
n'essayerons pas de suppléer à son silence.
L'histoire des négociations est partout ; elle est
principalement dans les livres des apologistes
du cardinal. Nous ferons seulement remarquer
que la version de notre biographe sur ce qu'il
appelle le pieux et curieux stratagème de Jules,
si elle diffère des relations acceptées sans contradiction jusqu'à nos jours, ne leur est pourtant pas opposée. Il se peut fort bien que Mazarin ait parcouru le camp espagnol avant de
sortir des retranchements, « poussant son cheval à toute bride, comme dit Aubery, s'em-
pressant de faire signe du chapeau, et criant :
Halte ! halte ! paix ! » Les deux circonstances se
concilient parfaitement. A le bien prendre
même, la première étoit une préparation né-

cessaire de la seconde. Pour empêcher la bataille, il ne suffisoit pas d'arrêter les François ;
il falloit aussi retenir les Espagnols. Mazarin, à
coup sûr, dut y pourvoir ; et nous n'hésitons
pas à penser, pour nous, que désormais les récits des historiens se comprendront mieux
après celui du biographe. La part de Jules à ce
grand et singulier événement en sera plus
belle ; car il se verra qu'il n'a pas obéi seulement à une inspiration soudaine, mais qu'avant
de l'exécuter, il l'avoit mûrie par la réflexion ;
et il en avoit préparé le plan de manière à ne
rien laisser à la fortune. « Toute la France,
dit Naudé, fut si satisfaite de cette action, que
les almanachs de 1631 représentèrent le seigneur Giulio à cheval, faisant signe avec son
chapeau à deux puissantes armées qui s'alloient choquer, de mettre bas les armes pour
recevoir la paix qu'il venoit de leur négocier.
Je me souviens fort bien qu'il y avoit autant de
presse à voir ces almanachs du Mazarin sous
le cimetière de Saint-Innocent.... qu'il y en a
eu, cette année, pour voir les larges bandes
remplies des différents portraits de M. de
Bruxelles. » Voilà les retours de l'opinion !
capricieux autant que ceux de la fortune !

22. Tous les apologistes de Mazarin disent
qu'il étoit déjà connu du cardinal de Richelieu.

Suivant Naudé et Aubery, il avoit été présenté dès 1628 au cardinal par le cardinal de Bagni, l'aîné, qui étoit alors nonce en France, et qui, rapporte Auberi, ne fit pas difficulté de répondre de son expérience et de sa fermeté. Gualdo Priorato et Benedetti reculent de deux ans la première entrevue du puissant ministre et du négociateur, bien jeune encore, qui dévoit être son successeur. Ils la placent en 1630, dans le temps où Spinola venoit de mettre le siége devant Cazal. Mazarin avoit été envoyé par Charles-Emmanuel, duc de Savoie, pour tâcher d'obtenir que les troupes françoises, franchissant les Alpes, passassent en Italie.

23. Il y a dans ce récit des lacunes évidemment. La paix de Cherasco fut suivie de négociations auxquelles Jules prit une part active, notamment pour la cession de Pignerol à la France. Le biographe les a-t-il ignorées? ou a-t-il cru que dans une relation familière, confidentielle, il lui étoit permis de les négliger? On est en droit de dire, après la manière dont il s'exprime au début de sa narration, qu'écrivant au cardinal Maurice de Savoie, il a pu juger qu'il n'étoit pas nécessaire de rappeler des circonstances dont le prince devoit être mieux informé que lui-même. Quoi qu'il en soit, il parle, comme les historiens, de l'ac-

cueil que firent à Mazarin le roi de France et son ministre. Benedetti, en effet, raconte que le négociateur romain de Cazal fut reçu par Louis XIII et le cardinal de Richelieu « avec les démonstrations d'estime et d'honneur qu'il méritoit; » et Aubery cite une lettre du cardinal à l'ambassadeur françois à Rome après l'acquisition de Pignerol, lettre dans laquelle on lit : « Je vous fais ces trois mots par commandement du roi pour vous dire que vous ne sauriez rien faire qui soit plus agréable à Sa Majesté que de témoigner au pape le contentement qu'elle a de l'adresse et de l'affection de M. Mazarin à la négociation de la paix, et de le favoriser adroitement en ce que vous pourrez, pour le porter à la nonciature en France lorsque M. le nonce d'à présent sera rappelé à Rome pour une meilleure condition. » Le détail des présents que Jules rapporta de la cour est une preuve nouvelle des relations habituelles qui existaient entre lui et le biographe.

24. Les manuscrits 10 487[2] du *Fonds Baluze* et 5485 du *Supplément françois*, portent 70 000 ducats.

25. D'après le manuscrit 5485 du *Supplément françois*, Mazarin montra son rosaire au

duc de Nemours, qui étoit alors Henri de Savoie, mort le 10 juillet 1632.

26. Voilà certes des faits qui n'ont pu être connus que dans la familiarité de Mazarin. Aucun historien n'en a conservé le souvenir, si ce n'est que Naudé, racontant ce que valut à Jules l'affaire de Cazal, dit « qu'il fut pourvu d'un office de référendaire de l'une et l'autre signature, au moyen duquel il tint rang de prélat. » Les pamphlétaires pourtant en ont eu quelque bruit qu'ils ont retenu; et il faut convenir que c'étoit plus de leur domaine. Cet esprit mercantile, qui savoit à propos faire trafic des magnificences du luxe et de l'art, tantôt pour se créer des ressources et tantôt pour acheter la faveur des grands, relevoit en effet de leurs satirès comme l'amour du jeu. Il leur appartenoit d'en saisir le ridicule et de le montrer. On va voir comment le *Religieux*, dans sa *Lettre* au prince de Condé, s'est acquitté de cette tâche : « Connoissant l'humeur du cardinal de Richelieu d'une superbe sans pareille, qui ne vouloit pas être abordé ni adoré les mains vides, Mazarin employoit tout ce qu'il avoit de pensions, en achat de présents qu'il lui faisoit, afin de se conserver dans ses bonnes grâces; si bien qu'il étoit contraint de pourvoir d'ailleurs à une partie de sa dépense

et de son entretien. Et, pour cet effet, suivant la profession de son ayeul, il faisoit trafic, par l'entremise d'un sien domestique, de livres qu'il faisoit venir de Rome; de tables d'ébène et de bois de la Chine; de tablettes, de cabinets d'Allemagne, de guéridons à têtes de mort et autres curiosités qui se vendoient publiquement dans une salle de l'hôtel d'Étrées, en la rue des Bons-Enfants, qu'il avoit louée pour ce sujet; et de l'argent qu'il en tiroit, il achetoit des montres et quelques pierreries qu'il envoyoit à Rome, afin que de tous côtés il tirât ce qui étoit nécessaire à sa subsistance. »

Nous n'ignorons pas que Naudé a répondu à ce passage de la *Lettre* dans son *Mascurat;* mais notre intention n'est pas de dégager ici la vérité des exagérations habituelles aux pamphlétaires. Une remarque qui va mieux à notre but, c'est celle-ci : Le biographe dit qu'après avoir fait à Rome ses provisions de sculptures, Mazarin n'étoit plus riche que des espérances qu'il avoit reçues du cardinal de Richelieu; et le *Religieux* raconte qu'il employoit tout ce qu'il avoit de pensions à faire des présents au cardinal. C'est la même pensée. Cette rencontre des deux écrivains, assurément n'est pas tout à fait fortuite. Elle atteste cette disposition d'esprit de Jules, que Benedetti a traduite ainsi en Maxime : « Il avoit coutume de dire qu'aucune cause n'exerce une influence plus considérable sur la fortune d'un homme que l'abondance de ses amis ; qu'au reste, celui qui se contente de vivre dans une condition privée, n'a plus rien à désirer quand il a la commodité de dépenser quinze cents écus chaque année pour son train accoutumé, et deux mille de temps en temps pour des cas extraordinaires, mais nécessaires ; c'est-à-dire mille écus pour conserver ses vieux amis et en faire de nouveaux au moyen de régals et de présents, et cinq cents pour châtier les téméraires avec le bâton. »

Benedetti ajoute tout de suite que Mazarin pratiqua d'autant moins la seconde partie de cette maxime, qu'il s'attacha plus étroitement à la première ; en d'autres termes, qu'il usa beaucoup moins du bâton que des présents et des régals ; et cela est vrai. Dans ses débuts à la cour de France surtout, Mazarin ne chercha qu'à acquérir des amitiés puissantes. Il affecta à cette intention de se montrer généreux et hardi dans ses libéralités, donnant avec faste, jouant avec témérité, et communiquant sans mesure les largesses du jeu à tous ceux dont la faveur pouvoit contribuer à sa fortune. Il fut alors ce qu'il avoit été dès l'école : ambitieux de paroître, de briller, de s'élever. Il n'y avoit pas de conditions si hautes auxquelles il ne se mêlât. On eût dit que, certain d'y atteindre un jour, il vouloit d'avance y faire son esprit, son maintien, ses habitudes, afin de ne point y arriver ignorant et inconnu. Mais ses ressources ne suffisoient pas au train qu'il étoit obligé de mener. Il y suppléoit par le trafic et par le jeu. A l'un il demandoit en même temps la satisfaction du goût qu'il avoit à un degré excellent pour toutes les merveilles des arts. Il trouvoit dans l'autre les ressources qui lui permettoient d'être à l'occasion libéral et magnifique. Sans doute il aimoit le jeu parce qu'il y étoit heureux; mais il l'aimoit encore plus peut-être, parce que son bonheur lui étoit un instrument d'élévation et de puissance. Il n'avoit point de passion qui ne fût l'humble servante de son ambition. Notre biographe, en cet endroit de son récit, rapporte deux anecdotes qui font voir avec quels habiles calculs Mazarin distribuoit ses dons et ses profits.

27. On lit dans les manuscrits 10 487[2] du *Fonds Baluze?* et 5485 du *Supplément françois* : « qui servirent à compléter la dot de ses trois sœurs. » Cela est plus exact; car on a vu plus haut qu'avant de quitter Rome pour venir vendre son rosaire à Paris, Mazarin avoit laissé à son père « assez d'argent pour marier ses sœurs. »

28. Naudé n'accorde pas que les familles Lucci et Mancini aient jamais été distinctes et séparées. Il soutient qu'il n'y en a « ni preuve ni apparence. » Il semble d'ailleurs confirmer la progression que le biographe remarque dans les mariages des trois filles de Pierre, en qualifiant Lorenzo Mancini de chevalier, Girolamo Martinozzi de comte, et Francesco Mutti de marquis. Il parle aussi, lui, d'une quatrième sœur « qui est aujourd'hui, dit-il, religieuse à Rome, quoiqu'elle ait fait profession à Città di Castello, qui étoit le pays natif de sa mère. » Benedetti reconnoît que la famille « Mancini est la même que la Lucci, » sans s'expliquer d'ailleurs sur la différence ou l'identité de leur origine. Il ne fait mention que des mariages de la dame Mancini et de la dame Martinozzi, qu'il place, avec Gualdo Priorato et Aubery, en 1634, peu avant que Mazarin, nommé vice-légat d'Avignon et nonce extraordinaire en France, partît de Rome pour se rendre à Paris. Il dit que Jules, agissant plus en père qu'en frère, dota ses sœurs de dix mille écus chacune. Il les nomme Géronime et Marguerite, comme Gualdo Priorato et Naudé, qui ajoute que la marquise Mùti s'appeloit Claire. En reprenant son récit, notre biographe montre qu'en effet il n'y eut que deux sœurs mariées alors, et que ce qu'il raconte des dots constituées par Jules,

ne s'applique qu'à ces deux seulement ; de sorte qu'il est d'accord avec Benedetti, si ce n'est que l'un marque la provenance des dots, et que l'autre en exprime la quantité.

29. Elle s'appeloit Anne Marie. Naudé veut qu'elle ait pris le voile à Città di Castello ; mais Paioli s'accorde pour Castel-Gandolfo avec notre biographe. Cette sœur de Mazarin vivoit encore en 1661. On la trouve, en effet, dans le codicile du cardinal en date du 6 mars, ainsi mentionnée ; « Mondit Seigneur déclare qu'il avoit accoutumé de faire donner annuellement une gratification à Mme Anne-Marie Mazarini, sa sœur, religieuse à Rome ; veut qu'il soit payé à la dite dame, et sur ses quittances, la somme de six cents écus, monnoie de Rome, de pension annuelle viagère, pour être ladite somme de six cents écus employée aux commodités de ladite dame et ainsi qu'elle avisera ; lequel payement lui sera fait par les mains de MM. les exécuteurs de son testament durant l'année de leur exécution, ensuite par les héritiers et légataires universels de mondit seigneur le cardinal durant la vie de ladite dame. »

Mme Martinozzi, qui survécut également à son frère, est comprise dans le testament du 3 mars pour un legs de 18 000 livres de rente viagère.

30. Antonio Barberini, le jeune, né en 1608, cardinal en 1627, mort le 4 août 1671.

31. François Barberini, né le 23 septembre 1597, cardinal en 1623, vice-chancelier de l'Église, doyen du sacré collége, mort le 10 décembre 1679.

Les deux cardinaux Barberini frères étoient neveux du pape Urbain VIII.

32. Notons les divers points de ce récit qui se retrouvent dans les historiens du cardinal Mazarin. Benedetti ne parle pas seulement de l'évêché offert et refusé, il le nomme : c'est l'évêché de Cahors. Il y ajoute une riche abbaye dont il ne fait pas connoître le nom. Il raconte, et Gualdo Priorato et Aubery avec lui, que Jules dut à la faveur du cardinal Antonio la vice-légation d'Avignon, et qu'il la garda deux ans. Tous trois portent le même jugement sur l'opinion que le cardinal de Richelieu avoit conçue de son futur successeur. Pour n'en citer que deux, « Richelieu, dit Gualdo Priorato, n'étoit jamais si satisfait que quand l'occasion se présentoit de s'entretenir avec Mazarin, en qui il admiroit la civilité, l'éloquence et la belle façon de traiter les affaires ; » et Benedetti dit que « les occasions qu'avoit monseigneur Mazarin d'entretenir fréquemment le

cardinal de Richelieu, lui avoient acquis la plus entière confiance de ce grand personnage, qui, dans leurs conversations de tous les jours et de toutes les heures, trouvoit à nourrir son puissant esprit sans être jamais rassasié. » Tous trois ne conviennent pas seulement que la protection du cardinal Antonio laissa Jules, revenu d'Avignon, sans avancement et sans crédit; ils assurent qu'elle lui suscita des inimitiés et des disgrâces; et ils en donnent deux raisons : l'opposition des Espagnols et la jalousie du cardinal François.

33. François-Annibal d'Étrées, marquis de Cœuvres, maréchal de France, né en 1573, mort le 5 mai 1670. Le mot suivant de Tallemant des Réaux ne s'accommode pas trop mal avec le récit du biographe : « il a toujours joué désordonnément. »

34. Anne-Habert de Montmor, veuve de Charles de Thémines, sieur de Lauzières, deuxième fils du maréchal de Thémines. Elle étoit la seconde femme du maréchal d'Étrées. Elle mourut en octobre 1661.

35. Marie de Lauzières, dite Mlle de Thémines, morte à Rome sans avoir été mariée. Sa mort est racontée ainsi qu'il suit

dans le n° 5485 du *Supplément françois* :
« Cette rose encore tendre aspiroit à prendre
les couleurs de la pourpre; déjà il y en avoit
en elle quelque germe. C'est pourquoi, par
ordre de l'ambassadeur, un Maure lui présenta
deux soucoupes dans l'une desquelles étoit
un poignard et dans l'autre un verre de poison,
lui disant qu'elle eût à choisir celui qu'elle
préféreroit, en expiation de sa faute. La malheureuse demoiselle, tout en larmes et d'une
voix dolente, se plaignit, mais en vain, d'une
si rigoureuse justice qui encore lui étoit faite
en présence de sa mère; ce qui, disoit-elle,
étoit son tourment et l'épine qui lui perçoit le
cœur, bien plus que la crainte de la mort. Enfin,
cédant à un destin si cruel, elle se leva de la
place où elle étoit assise, prit dans ses mains
et but le poison qui en peu de temps la conduisit misérablement à la dernière extrémité et
au péril de sa vie. Ce fait fut connu à Rome;
mais en France on en parla d'une manière dif-
férente. Il y en avoit qui disoient que la mort
de la jeune fille avoit été causée par une maladie qu'elle avoit apportée de son propre pays;
de sorte que le vulgaire crut le contraire de
ce qui étoit arrivé. Ainsi l'événement put être
enseveli dans le silence. »

Ce scandale a été ignoré de Tallemant des
Réaux. Il est donc invraisemblable.

36. Le n° 5485 du *Supplément françois* contient ici quelques mots qui doivent avoir été oubliés dans le texte de la *Rivista :* « Il lui recommanda d'agir avec un grand secret » s'il faisoit quelque cas de sa faveur.

37. On lit dans les manuscrits 10 487[2] du *Fonds Baluze* et 5485 du *Supplément françois :* « Rouvray qui s'entendoit avec le cardinal Antonio et qui avoit été averti de l'heure où devoit passer Bianconi, » etc.

38. Les mêmes manuscrits portent gagna « Aquila », puis Naples.

39. Omer Talon nous a conservé et M. Michaud a ajouté aux *Mémoires* de ce grave magistrat deux dépêches de l'ambassadeur qui justifient l'opinion du biographe, au moins sur la manière dont les faits furent présentés à la cour de France. La première est intitulée : *Relation de ce qui s'est passé à la Trinité du Mont de Rome.* Elle commence, en effet, par un récit détaillé de l'enlèvement des captifs algériens qui avoient été déposés dans cette abbaye « de fondation royale et en la particulière protection du roi; » elle se continue par un exposé des négociations auxquelles donna lieu

cet événement; puis le narrateur ajoute sans transition :

« Pendant qu'il se faisoit quelque proposition, le sieur de Rouvray, écuyer du maréchal, ayant avis qu'on menoit son valet aux galères, qui avoit été arrêté prisonnier quelque temps auparavant, s'en alla, lui quatrième, le tirer des mains de trente ou quarante sbires qui le conduisoient, lesquels ne firent aucune résistance et rendirent ledit valet pour qu'il y eût personne de frappé. De quoi ledit cardinal Barberin (François) en ayant témoigné du mécontentement, on verra par la relation qui en a été faite, comme il a jeté de fausses négociations pour accommoder ses affaires, et manqué à la parole qu'il avoit donnée; le tout à dessein de venir à son intention de faire assassiner ledit Rouvray et faire déplaisir audit maréchal, ayant donné six cents écus de récompense à ceux qui ont fait le coup, et fait exposer la tête en public, plus de deux heures, dans l'office du gouverneur de Rome, et mise ès mains du bourreau qui dit hautement : « Voilà la tête de.... l'am-« bassadeur de France; » et ensuite il la porta publiquement, accompagné de cinquante soldats corses, au pont Saint-Ange et la jeta dans un puits. Ceux qui savent la conduite dudit maréchal à Rome, les soins qu'il a pris pour avoir les bonnes grâces dudit cardinal Barberin, les obligations qu'il a à la France, ne peuvent assez s'étonner qu'il ait recherché avec tant de soins de faire paroître son ingratitude, puisqu'il est certain, ainsi qu'il l'a reconnu par la lettre de remercîment qu'il en a écrite à Mgr le cardinal, que, du temps de la maladie que le pape eut, il y a deux ans, durant laquelle les Espagnols parloient de faire régir et gouverner les affaires par six cardinaux, il n'eut autre assistance que dudit maréchal qui empêcha cela et que sa maison ne fût pillée, déclarant hautement qu'elle seroit assistée de la protection de Sa Majesté. Il n'en a pas plus témoigné de reconnoissance envers le roi, n'ayant daigné venir se réjouir avec ledit maréchal à la naissance de Mgr le Dauphin que plus de deux mois après en avoir eu avis et après avoir été chez l'ambassadeur d'Espagne pour la naissance d'une fille. Quant à l'action que l'écuyer avoit faite, c'est chose si ordinaire à Rome que récemment les gens du duc de Bracciano, de l'abbé Césarina et plusieurs autres en ont fait de semblables sans qu'on en ait jamais parlé. Bien davantage, ledit cardinal Barberin a souffert que les gens du cardinal de Savoie aient battu ceux du cardinal Antoine et porté en sa présence des pistolets au milieu du Cours contre les défenses expresses sans en avoir rien dit ; et la manière dont il s'est conduit pendant tout ce pontificat, ne fait que trop connoître qu'il a ménagé et s'est porté d'une extraordinaire passion et par animosité à une si méchante et si abominable action. »

On voit d'une part qu'il n'est pas le moins du monde question, dans cette dépêche, de la résistance de l'ambassadeur et de son écuyer à l'ordonnance du cardinal Patron sur les tripots ; de l'autre, que l'assassinat de Rouvray y est adroitement mêlé à l'affaire de la Trinité du Mont. Il en est de même de la seconde pièce qui porte pour titre : *Relation de l'assassinat du feu sieur de Rouvray :*

« Par la dépêche de M. le maréchal d'Étrées du   août, M. de Chavigny aura vu comme M. le cardinal Bagni étoit venu trouver ledit sieur maréchal pour lui dire que le cardinal Barberin l'avoit prié de le voir et lui faire des excuses de sa part de ce qui s'étoit passé à la Trinité du Mont, et que même ledit cardinal prendroit occasion de venir visiter Mme la maréchale d'Étrées et confirmeroit audit sieur maréchal tout ce qu'il lui faisoit dire à présent de sa part ; sur quoi ledit maréchal pria ledit cardinal Bagni de trouver bon qu'il donnât part de cet avis à MM. les cardinaux Antoine et Bichi, montrant toutefois de déférer et de se porter dejà à l'expédient proposé ; mais ayant vu lesdits cardinaux, le jour suivant, soit que ledit cardinal Barberin eût changé d'avis ou autrement, l'un et l'autre dirent au maréchal que, tandis que le Rouvray seroit en sa maison, ledit cardinal ne se porteroit pas aisément à y venir; à quoi le maréchal répondit que s'il n'y avoit que cette difficulté, elle seroit bientôt levée, et qu'il étoit tout prêt de l'envoyer. Sur ces entrefaites, un mandataire du gouverneur étant venu porter une citation dans le logis du maréchal pour la même affaire dudit Rouvray, il fut arrêté; et après avoir été retenu vingt-quatre heures sans lui faire recevoir aucun déplaisir, il fut renvoyé à la prière de M. le cardinal Antoine. Cette affaire s'étant ainsi passée, le cardinal Bagni envoya, un matin, savoir dudit maréchal s'il le pourroit voir, ce ce jour-là, lequel répondit qu'il n'étoit point nécessaire qu'il prît la peine de le venir trouver et qu'il l'iroit voir l'après-dîné : ainsi qu'il fit; où étant et recevant les propos de l'accommo-dement de l'affaire de la Trinité-du-Mont, il trouva, ainsi que ces messieurs lui avoient dit, qu'il y avoit quelque changement en la propo-sition que le cardinal Barberin avoit faite de venir en sa maison, sur la considération que le Rouvray y était encore; sur quoi le maréchal dit qu'il étoit bien aisé de pourvoir à cela et que dès l'heure même il alloit ajuster avec M. le cardinal Antoine la sureté de l'envoi dudit

Rouvray jusque sur les confins de l'état ecclésiastique ; ce qu'il fit et arrêta avec MM. le
cardinal Antoine et Mazarin que, le lendemain, MM. les cardinaux Antoine et Bichi
iroient à la chasse, et que M. l'ambassadeur
prendroit ses gens en son carrosse, et ayant rencontré ces messieurs, il mettroit le Rouvray et
ceux qui l'avoient assisté, dans le carrosse du
cardinal Antoine pour les mener à Roussillon.

« Le matin suivant, Mgr Mazarin ayant pris
la peine de venir voir M. le maréchal, celui-
ci reçut un billet du cardinal Bagni, qui portoit
qu'ayant promis audit ambassadeur que désormais le cardinal Barberin vivroit bien avec lui,
et craignant qu'en étant garant, ledit maréchal
ne pût lui en faire quelque plainte et reproche,
il le prioit de lui rendre sa parole et trouver
bon qu'il ne se mêlât plus de cette affaire ; sur
quoi le maréchal ne pouvant comprendre
d'où procédoit ce changement, pria Mgr Mazarin d'aller voir ledit cardinal Bagni pour
s'en éclaircir mieux, ainsi qu'il fit à l'heure
même ; et revenant chez le maréchal, il lui dit
que c'étoit que ledit cardinal Barberin ne désiroit point venir chez lui ; sur quoi ledit maréchal dit qu'il n'en avoit point usé de même
envers l'ambassadeur d'Espagne, parce qu'aussitôt la brouillerie qui s'étoit passée entre eux,
il étoit allé visiter ledit ambassadeur d'Espagne

pour l'adoucir, lequel toutefois n'avoit tenu aucun compte de cette visite ; qu'il étoit bien rude que le maréchal, se contentant de cette satisfaction pour le roi, et le cardinal Barberin étant assuré qu'elle seroit acceptée, il ne voulût pas faire la même chose qu'il avoit faite à l'ambassadeur d'Espagne dans l'incertitude de l'événement dont il n'a enfin remporté que du mépris. Un jour ou deux après, Mgr Mazarin dit au maréchal qu'il s'étoit enquis comme s'étoit passée la visite que le cardinal Barberin avoit faite à l'ambassadeur d'Espagne, et qu'il avoit appris que ç'avoit été à l'occasion du mariage de son fils avec la fille du duc d'Alcala qui étoit nouvellement arrivé de dehors. A cela le maréchal répondit que ledit cardinal n'ayant pas daigné visiter la maréchale d'Étrées ni lui envoyer faire le moindre compliment sur la mort de son père[1], ce qui est une marque de la haine et de la mauvaise volonté qu'il a toujours eue sans aucun sujet contre ledit sieur maréchal, il pouvoit encore prendre ce prétexte et occasion, vu même que le préfet et la signora Constanza avoient bien usé de cette civilité envers lesdits ambassadeur et ambassadrice. Et sur le même sujet, ayant fait, quelques jours auparavant, en discourant,

1. Jean Habert, trésorier des guerres.

remarquer à M. le cardinal Bichi le procédé de
M. le cardinal Barberin, il lui dit que c'étoit
faute de s'en être souvenu; à quoi M. le maréchal répliqua en souriant qu'il savoit bien qu'il
n'étoit pas digne du souvenir de M. le cardinal Barberin, mais que cette excuse étoit en
core pire que la discourtoisie dont il avoit usé.
Cependant, nonobstant qu'il ne vît rien disposé
pour la satisfaction du roi sur l'affaire de la Trinité-du-Mont, le cardinal Bagni et Mgr Mazarin ayant désiré qu'il vît M. le cardinal Barberin au sujet de la promotion (du P. Joseph),
bien qu'il eût une grande répugnance à cette
visite, toutefois, en une affaire importante
comme celle-là, et que Sa Majesté désire tant,
il s'accommoda à leur avis et prière, ainsi
qu'on aura vu par les dépêches; et après
cette visite faite au cardinal Barberin, ledit
maréchal s'en alla à Frascati pour donner le
temps à ces messieurs de faire ce qu'ils avoient
estimé pour le mieux. Et pour ôter tout sujet
de plainte, il fit sortir le Rouvray de Rome et
l'emmena avec soi à la campagne, où ledit
maréchal étant visité par les cardinaux Antoine
et Bichi, et voyant qu'ils ne lui disoient rien
de l'affaire de la Trinité-du-Mont, il envoya
son secrétaire à Rome pour leur en parler, et
au cardinal Bagni aussi, auxquels il offrit de
nouveau que s'il n'y avoit qu'à renvoyer Rou-

vroy et les autres qui l'avoient assisté, il étoit
tout prêt de le faire, pourvu qu'il fût assuré que
le roi recevroit contentement en une offense
publique et en laquelle les cardinaux Antoine
et Bichi s'étoient portés dès le commencement
avec tant de chaleur et démonstration de ressentiment. A cela M. le cardinal Antoine
répondit qu'il en parleroit à son frère ; et
depuis, la réponse fut qu'il falloit se donner
patience et résoudre premièrement l'affaire de
la promotion qui étoit sur le tapis. Cependant
M. le maréchal ayant reçu des dépêches du roi
et de M. de Chavigny du 5 octobre, rechercha
d'avoir audience du pape pour satisfaire aux
ordres apportés par lesdites dépêches ; mais
quelque instance qu'il ait faite, il n'a pu l'avoir,
la réponse ayant été que le pape se vouloit
purger ; sur quoi il prit occasion de venir à
Rome le dimanche 23 octobre, pour voir
M. le cardinal Antoine et les autres messieurs
et se plaindre de ce qu'il ne pouvoit pas voir le
pape. Or il ne fut pas plutôt à Rome, que beaucoup d'autres avis qui lui avoient été donnés
lui furent confirmés, qu'en toutes façons on
avoit résolu de faire assassiner le Rouvroy,
qu'il y avoit des gens apostés pour cela et qui
avoient promis de le faire. Sur cet avis et à
l'heure même, il dépêcha à la maréchale
d'Estrées, afin qu'elle empêchât que ledit Rou-

vroy sortît du logis ; et étant retourné le soir
même à Frascati, il lui dit, comme les avis
étoient indubitables, qu'il ne devoit point
sortir qu'accompagné, et que ceux qui avoient
pris la commission de l'assassiner, étoient
canailles et gens lâches, qui n'oseroient l'entreprendre quand il y auroit du monde avec lui.
Nonobstant cet avis et cent autres que ses amis
particuliers lui avoient donnés, ledit Rouvroy
ne pouvant croire que le cardinal Barberin qui
paroît si saint homme, dût appuyer un assassinat, le vendredi 28 dudit mois, il sortit seul
et fût tout le matin dehors ; et comme il
retournoit au logis sur les sept heures, des gens
cachés derrière des haies lui tirèrent par derrière
une arquebusade qui lui bailla dans la tête et
le tua tout roide ; et tous au même instant, ils lui
coupèrent la tête et l'emportèrent. Il semble
qu'il y ait eu de la fatalité en ce malheur,
lequel il n'a pu éviter nonobstant les avis qu'il
en avoit, et le moyen qu'on lui avoit donné de
s'en garantir, en tenant toujours près de soi
cinq ou six personnes qui étoient tout exprès
ordonnées pour cela. Mais avec tout cela, il n'a
pas laissé d'être malheureusement assassiné ; et
perdant la vie, a laissé au maréchal un déplaisir
très-sensible. Sur quoi Sa Majesté considérera
que ledit ambassadeur a toujours offert d'envoyer et éloigner le Rouvroy, pourvu que l'on

donnât satisfaction au roi pour l'affaire de la Trinité-du-Mont, ainsi qu'on lui avoit fait espérer dès le premier jour ; que depuis trois mois ledit cardinal Barberin a toujours gauchi et manqué de promesse ; et sur cela, Sadite Majeste jugera si elle doit témoigner du ressentiment d'une telle violence, ou, en la dissimulant, permettre audit ambassadeur d'en tirer raison par les mêmes voies dont on s'est servi. Cette relation a été bien lue par le sieur Brachet en présence de MM. le cardinal Bichi et Mazarin, qui l'ont reconnue entièrement véritable, aussi bien que la première qui a été faite de l'affaire de la Trinité-du-Mont, laquelle ledit maréchal leur a lue lui-même auparavant que de l'envoyer en France ; et le sieur Brachet peut faire foi comme ils ont plusieurs fois confessé que ces relations étoient vraies en toutes leurs parties. »

Nous ne ferons sur cette pièce qu'une seule remarque : c'est que « ceux qui avoient assisté Rouvroy » sont certainement les deux estafiers de l'ambassadeur dont parle le biographe.

Lorsque, le 16 décembre 1639, le roi envoya ordre aux agents du clergé de faire savoir aux évêques « qu'ils n'eussent aucun commerce avec le nonce Scoty, » il en donna deux raisons : la première étoit que « le nonce avoit été

envoyé exclusivement pour entendre les propositions du roi au sujet de la paix, et qu'il n'a-
voit aucune fonction ordinaire en vertu de laquelle il dût avoir aucune communication avec
eux; » la seconde que « Sa Majesté lui ayant
fait savoir ces jours passés, par le sieur de Chavigny, secrétaire d'État et de ses commandements, que l'offense que son ambassadeur
avoit reçue à Rome par l'assassinat commis en
la personne d'un de ses domestiques, ensuite des
grands mécontentements qui ont été donnés à
Sa Majesté sur le fait de la Trinité-du-Mont, et
de la mémoire de feu M. le cardinal de La
Valette[1], l'ayant contraint à ne désirer plus
que son ambassadeur allât à l'audience de Sa
Sainteté, jusqu'à ce que l'injure qu'elle avoit
reçue eût été réparée, elle ne pouvoit ainsi la
lui donner jusqu'au même temps, au lieu de
recevoir cet expédient avec le respect qu'il devoit avoir, en tant qu'il auroit ouvert le chemin à un accommodement, il fut si peu considéré que de dire audit sieur de Chavigny qu'il
avoit cœur et esprit pour agir, et qu'il feroit
en sorte que la plupart des évêques de France
se trouveroient pour Sa Sainteté contre le
roi. »

1. Il ne lui avoit pas été fait de service à Rome après
sa mort, contre l'usage.

On voit combien habilement l'affaire de l'assassinat de Rouvroy avoit été mêlée à celle de la Trinité-du-Mont ; et ainsi est justifiée l'opinion du biographe par le caractère des dépêches.

40. Nous traduirions plus volontiers ainsi les paroles de Mazarin : « Ou je resterai prélat, ou je deviendrai cardinal. » ·On sait que les cardinaux sont toujours institués sous le titre de quelque saint.

41. Il est dit dans les manuscrits 10 487 du *Fonds Baluze* et 5485 du *Supplément françois* que ce fut le roi qui donna au maréchal l'ordre « d'assister, comme auparavant, à toutes les solennités de la cour pontificale. » Cela s'accorde mieux avec ce qui est dit dans l'ordre aux agents du clergé que nous venons de citer.

42. Tallemant des Réaux a connu les deux faits qui forment comme le fond de ce curieux récit : nous voulons parler de la délivrance de Bianconi et de l'assassinat de Rouvroy. Il les raconte avec des détails qui lui appartiennent en propre, dans l'*Historiette du maréchal d'Estrées*[1]. « Le Rouvroy, dit-il, étoit un

1. Page 383 du premier volume, édition de M. Paulin Paris.

vieux débauché, tout pourri. D'une piqûre d'é-
pingle, on lui faisoit venir un ulcère. Jamais je
ne vis un si grand brutal. » Tallemant ne sait
pas bien pourquoi Bianconi, qu'il croit valet de
Rouvroy, et qu'il signale d'ailleurs comme tenant une académie de jeu, fut pris et condamné aux galères. Il se contente donc de ce
peu de mots : « Ce valet fit quelque chose. »
Il reprend ensuite : « Comme on le menoit
aux galères avec beaucoup d'autres, le Rouvroy, avec un valet de chambre du maréchal,
n'ayant chacun qu'un fusil et leurs épées,
mettent en fuite vingt-cinq ou trente sbires
qui avoient chacun deux ou trois coups à tirer,.... Le Rouvroy met tous les forçats en liberté. Voilà un grand affront pour les Barberins ! » Pourquoi? Tallemant ne s'en explique
pas. Sa remarque n'en est pas moins précieuse.
Elle prouve que les Barberins étoient mêlés
personnellement à l'affaire. On a vu comment
dans la narration de notre biographe. « Le maréchal, continue Tallemant, fait sauver son
homme et lui donne, pour le garder à la campagne, huit ou dix soldats françois des troupes
des Vénitiens ; car il eut peur qu'on ne lui fît
chez lui quelque violence. Les Barberins em-
ploient un célèbre bandit, nommé Julio Pezzola, qui met des gens aux environs du lieu où
étoit le Rouvroy ; je pense que c'étoit sur les

terres du duc de Parme, à Caprarola ou à Castro. Le Rouvroy, comme il étoit fort brutal, s'évade et s'en va à la chasse sans ses soldats. Les bandits ne le manquent point, et de derrière une haie le tuent et en portent la tête au cardinal Barberin. » C'est le cardinal François. Nous avons appris par notre biographe quel rôle il avoit joué dans cette expédition. Tallemant des Réaux ajoute que le maréchal jeta feu et flamme, que vainement, pour l'apaiser, Julio Pezzola offrit de lui apporter les têtes des sept assassins, qu'il s'en alla à Parme, où il excita le duc contre le pape, enfin « qu'il fut longtemps qu'il n'osoit revenir à Paris; car le cardinal de Richelieu n'avoit pas trop approuvé sa conduite. »

Malgré les différences qui se remarquent dans les détails entre la version de Tallemant et celle du biographe, il est évident que le fond est absolument, identiquement le même. La dernière, plus complète, est aussi plus exacte. L'auteur, qui étoit à Rome, a pénétré plus avant dans les obscurités mystérieuses de cet événement tragique; il en a mieux connu tous les acteurs; il a été informé plus sûrement de la mesure dans laquelle ils y ont participé et des mobiles qui les ont fait agir. Le savant commentateur de Tallemant, M. Paulin Paris, a recueilli dans ses notes une pièce jusque-là inédite qui vient merveilleusement à l'appui de notre opinion. Cette pièce, qui appartient à la Bibliothèque impériale, a été copiée en 1835 par les soins de Henri Beyle (*M. de Stendhal*). Elle est intitulée : *La Taglia di testa di Monsignor o monsieur il cavaliero Ruri, cavallerizzo del ambassatore di Francia, marchese di Coure, condamnato dal tribunal del governo per avere levato Giulio Bianconi dalle mani de Birri.* Le narrateur rend compte de la délivrance de Bianconi précisément avec les mêmes circonstances que notre biographe, si ce n'est qu'il dit que Rouvroy étoit accompagné de beaucoup d'hommes armés (*molti armati*), la plupart estafiers (*la maggior parte staffieri*), et qu'il fit monter le croupier sur un cheval rapide après l'avoir délivré : « Il aborda la dernière file des galériens où étoit Bianconi, l'appela par son nom, le prit par la main, coupa la corde qui le retenoit, et l'enleva des mains de la justice sans aucune résistance des sbires. » Venant au meurtre de l'écuyer, il ne parle que d'un assassin ; c'étoit un bandit condamné à mort qui s'étoit engagé à tuer Rouvroy si on vouloit lui donner sa grâce. Mais il raconte que l'assassinat fut commis sur le territoire de Frascati, en un lieu appelé *Villa Taverna*; que Rouvroy visoit un merle quand le sicaire lui tira son coup d'arquebuse ; que sa tête coupée

fut présentée au secrétaire du gouverneur, puis
livrée au bourreau, qui la porta dans le courtil
du pont Saint-Ange, la montra au peuple en disant : « C'est la tête de M. Rouvroy, écuyer de
l'ambassadeur de France, » et la jeta où se jet-
tent d'ordinaire les têtes des bandits.

Voilà bien ce que dit notre biographe. L'auteur de la pièce, il est vrai, ne paroît pas avoir
connu l'origine de l'affaire : le décret du cardinal François contre les tripots, la résistance
de l'ambassadeur, la désobéissance de l'é-
cuyer et du croupier ; mais il en sait la fin : « Le
roi, dit-il, menaçoit de faire occuper par ses
troupes l'État ecclésiastique, si le pape ne lui
envoyoit pas un blanc seing pour les satisfactions qu'il exigeoit, par exemple la destitution
et la dégradation (*inabilitando lo alla por-
pora*) du gouverneur de Rome, la mort du
chef de la police, etc.; mais Mazarin, qui n'é-
toit pas prélat, fut député vers la cour de
France ; et il sut ménager un arrangement avec
tant d'habileté, que le roi, épris du sublime
génie du négociateur, ne donna pas suite à ses
menaces et le fit élever au cardinalat. »

Benedetti n'a qu'une phrase sur la triste
aventure de Rouvroy. Après avoir dit que Mazarin apaisa merveilleusement les différends
élevés entre les Médicis et don Philippe Colonna, « il empêcha, continue-t-il, de plus

grands désordres qui pouvoient naître du sort funeste de l'écuyer du maréchal d'Estrées, ambassadeur de France. » Gualdo Priorato copie simplement Benedetti. Aubery ne touche pas un mot de l'affaire du tripot ; mais il raconte longuement les grands démêlés du maréchal avec les Barberins qui prétendoient le faire rappeler à Paris, les motifs de plainte que par suite la cour de Rome fournit à celle de France; il y mêle les négociations des princes de la maison de Savoie; et il termine ainsi : « Mazarin ne pouvoit être cardinal que par la paix et l'accommodement des différends que nous avions avec la cour pontificale. Tout se pacifia. Les Barberins virent, comme auparavant, le maréchal d'Estrées, notre ambassadeur; et celui-ci eut une très-longue et très-favorable audience du pape; à quoi l'on ne doute point que notre prélat n'ait pareillement eu très-grande part et qu'il n'y ait travaillé à son ordinaire de très-bonne sorte. »

43. Nous ne voyons pas qu'aucun des historiens du cardinal confirme cette anecdote; mais Benedetti et Gualdo Priorato assurent que, dans une maladie grave que fit Mazarin, le roi l'honora de sa visite. C'est peut-être assez pour justifier ce que dit ensuite notre biographe.

44. On a ajouté dans les manuscrits 10487

du *Fonds Baluze* et 5485 du *Supplément fran-*
çois : « C'est pourquoi le roi le fit élever par le
pape Urbain VIII, en l'année 1641 (le 16 décembre), à la dignité de cardinal après laquelle il avoit tant soupiré; » et on a terminé
le paragraphe ainsi qu'il suit : « De là à peu
de temps mourut le cardinal de Richelieu, premier ministre du roi, le 4 décembre 1642. »

45. Les deux manuscrits cités dans la note
précédente indiquent la date de la mort de
Louis XIII: 24 mai 1643; et, venant à Louis XIV,
ils disent : « qui étoit né, peu d'années auparavant, d'Anne d'Autriche, fille de Philippe IV,
roi d'Espagne ; princesse longtemps stérile,
suivant le texte du premier; et dans celui du
second, après vingt-trois ans de stérilité. »

46. Innocent X (Jean-Baptiste Panfili), cardinal en 1629, élu pape le 15 septembre 1644,
mort le 7 janvier 1655. Il étoit fort opposé au
cardinal Mazarin, que les pamphlétaires de la
Fronde accusoient d'avoir fait assassiner son
neveu Ignacio Panfili. On lit, par exemple,
dans la *Lettre du chevalier Georges de Pa-*
ris, etc. : « Ce fut lui qui donna conseil au
cardinal Antonio de se défaire d'un neveu du
pape d'aujourd'hui, qu'il avoit éloigné de ses
bonnes grâces : il fut maltraité à coups de bâ-

ton ; et craignant justement le dernier effet de la haine italienne, il ne put pas même éviter la mort dans l'armée de l'empereur, où il fut assassiné par le ministère de Mazarin qui, suivant la bonne coutume de son pays, ne pouvoit souffrir vivant aucun de tous ses ennemis, particulièrement celui-ci qui étoit autant brave qu'il étoit lâche et poltron. C'est le sujet de son inimitié contre le pape et de l'exclusion qu'il fit donner par l'ambassadeur de France pour l'élection de Sa Sainteté. »

47. Michel Mazarin, frère puîné de Jules, général des dominicains, archevêque d'Aix, fut créé cardinal en 1646, sous le titre de Sainte-Cécile et non de Sainte-Claire ; mais peut-être y a-t-il une faute d'impression dans le texte de la *Rivista;* il faut y lire : *Santa Chiesa,* comme portent nos manuscrits. Michel, nommé vice-roi de Catalogne en 1647, après le prince de Condé, mourut à Rome dans l'été de 1648.

Lorsque les pamphlétaires s'attaquent au cardinalat du frère Michel, qui, disent-ils, n'a pas coûté moins de douze millions à la France, ou à sa vice-royauté de Catalogne, qu'ils comparent à celles du maréchal de la Mothe-Houdancourt, du comte d'Harcourt et du prince de Condé, il n'y a pas lieu de s'en étonner. Ce sont là des choses qui ne pouvoient être ignorées de personne. Quand ils parlent de ce superbe palais de Rome, où, suivant le *Religieux*, répété par l'auteur du *Discours au Parlement sur la détention des princes*, le cardinal Mazarin « avoit fait conduire plus de trois cents ballots des meubles les plus précieux de toute l'Europe, » on comprend aisément qu'ils peuvent n'être que les échos d'une sorte de clameur publique; mais qu'ils dénoncent les mœurs galantes du cardinal de Sainte-Cécile, par exemple qu'ils racontent, comme le *Religieux*, « qu'on l'a vu pompeux, et magnifique dans Paris, dans un luxe digne de sa nation, mettre la main sur le sein des plus belles dames de la cour, se persuadant que les Françoises ne sont pas plus chastes que les Italiennes, » oh! on éprouve le besoin de se récrier, de les accuser de calomnie. Cependant le biographe a des allégations plus infamantes encore que les pamphlets. On vient de le lire.

48. Benedetti raconte, comme le biographe et dans les mêmes termes, qu'en témoignage de sa dévotion, Jules fit rebâtir de fond en comble (*da i fondamenti*) l'église des Saints-Vincent-et-Anastase. Il dit encore, dans la *Pompa funebre nell'ezequie celebrate in Roma al cardinal Mazarini*, que cette église fut choi-

sie pour la célébration des obsèques, parce qu'elle étoit un fruit de la piété du cardinal (*parto della di quel cardinal*), qui l'avoit fait réédifier depuis les fondements par les soins de Paul Macaroni, son très-confident ami; et il ajoute à sa relation une vue gravée de la façade, qui répond exactement à la description de notre biographe.

On verra plus loin que le manuscrit 5485 du *Supplément françois* fait mention également du service qui fut célébré dans cette église « que Jules avoit bâtie. » En attendant, nous pourvons citer ici le passage suivant du *Reassunto del testamento del cardinal Giulio Mazarino* que contient le même manuscrit : « Il laisse 45 mille écus à l'église des Saints-Vincent-et-Anastase, qu'il a fait bâtir de nouveau et dans laquelle il lui a été fait de magnifiques et étonnantes funérailles, comme pour un empereur romain, dans lesquelles on voyoit sa statue en bronze soutenue par la Paix, la Justice, la Prudence, la Force, et tout autour les autres vertus cardinales, où le sacré Collége a assisté à la messe chantée; et icelle finie, il a été distribué aux pauvres mille écus d'aumône. »

49. Naudé, qui ne nomme pas le palais Bentivoglio, il est vrai, mais qui y fait certainement allusion, assure qu'en 1650 Mazarin le

possédoit depuis plus de douze ans. Avec son artifice ordinaire, il répond, non aux pamphlétaires qui avoient parlé de l'ameublement, mais à Saint-Ange, qui se plaint de la construction d'un édifice si superbe. Aubery justifie la destination assignée au palais, quand il raconte que Mazarin « ne souffrit pas que le maréchal de Toiras, qui vint à Rome en 1633, prît logis ailleurs que chez lui. Il le traita, ajoute-t-il, et régala très-bien durant son séjour, qui fut d'environ un mois. Ce traitement et ce régal éclata d'autant plus, que le maréchal reçut un nombre incroyable de visites. » On sait que Toiras avoit été le défenseur de Casal.

C'est ce même palais Bentivoglio que le cardinal Mazarin désigne dans les dispositions suivantes de son testament : « Mondit seigneur le cardinal testateur, désirant que la maison Mancini continue à Rome où elle est très-ancienne et très-illustre, donne et lègue, en tant que besoin seroit, institue et nomme de sa propre bouche son héritier en son palais de Rome et en tous les meubles, droits et autres effets qui lui appartiennent en ladite ville de Rome, de quelque nature et qualité qu'ils soient, ledit seigneur marquis Mancini, son neveu, auquel il substitue le second des enfants mâles dudit seigneur marquis Mancini, etc...; le tout à la charge que celui qui sera appelé à la substitution,... sera

tenu de demeurer à Rome, de porter le nom
et les armes pleines et entières de Mancini,
sans pouvoir être parties ni écartelées d'aucune autre, etc. » Cependant, prévoyant que
« ledit palais peut être inutile à la maison Mancini, parce qu'il y a un autre palais qui appartient à cette maison depuis sept à huit cents
ans, » le cardinal donne pouvoir au cardinal
Mancini, son exécuteur testamentaire, « d'a-
cheter quelque terre ou État dans l'État ecclésiastique, pour être les choses qui pourroient
être par lui acquises, substituées en la place
dudit palais. »

Dans le manuscrit 5485 du *Supplément
françois* et dans le *Reassunto del testamento
del cardinal Giulio Mazarino*, on dit que le
palais fut donné au cardinal Mancini; mais
c'est une erreur.

50. Résumons ici le travail de comparaison
auquel nous nous sommes livré sur cette première partie de la *Vie de l'éminentissime cardinal Mazarin.*

Le biographe, on l'a vu, n'est ni ami ni ennemi du cardinal Mazarin. Il ne le flatte ni le
dénigre. Ses récits sont sans passion. C'est un
témoin bien informé, impartial, de bonne foi.
S'il se rencontre souvent avec les pamphlétaires
de la Fronde, il est plus souvent encore d'ac-

cord avec les apologistes du cardinal. Il les répète rarement ; il les corrige ou les complète presque toujours. Il ramène à la vérité les exagérations des uns et les réticences des autres. Ce n'est pas une histoire de Mazarin qu'il a voulu écrire ; ce n'est pas non plus un portrait qu'il a entendu faire. Ses prétentions n'ont pas été si hautes. Il savoit des anecdotes, il les a racontées ; il avoit recueilli des paroles, il les a citées. Voilà tout. Ce qu'on apprend à connoître dans ses pages, c'est bien moins le ministre que l'homme.

Mazarin n'est point issu d'une famille illustre ; et le *Religieux* a dit avec raison dans sa *Lettre* au prince de Condé que, « quoiqu'il eût pris les haches avec le faisceau de verges pour ses armes, il ne falloit pas s'imaginer que ce fussent celles qui servoient de marques d'autorité aux anciens sénateurs de Rome. » Ses aïeux tiroient leur origine et leur nom d'une petite ville de Sicile dont ils n'étoient pourtant pas seigneurs. On ne peut pas remonter plus haut que son grand-père Girolamo, artisan ou bourgeois de quelque aisance, qui habitoit Palerme et qui y mourut laissant une succession fort embarrassée ; si bien que son fils, Pierre, fut contraint d'aller chercher fortune à Rome. Ce Pierre étoit un homme de sens. Reçu dans la maison du connétable Colonna, il s'acquit par

l'emploi de ses bonnes qualités la faveur de
son maître et s'en aida pour l'établissement de
ses fils. L'aîné, Jules, naquit accidentellement
à Piscina ; de droit pourtant il étoit citoyen
romain ; car son père et sa mère s'étoient mariés dans la capitale de l'État pontifical ; et ils
y faisoient leur résidence. De bonne heure la
vivacité de son esprit se manifesta dans les
exercices spirituels d'*El Bambino*. Il fit ses
études avec le plus grand succès au Collége romain ; et les jésuites, ces connoisseurs si fins,
essayèrent de se l'attacher ; mais il avoit de
l'ambition ; il vouloit arriver ; où ? haut et loin,
c'est peut-être tout ce qu'il en savoit. Il aimoit
le luxe. Il lui falloit de la grandeur, de l'éclat,
de la gloire. Il en chercha dans la fréquentation des nobles et des princes ; et parce que la
richesse lui manquoit pour ses desseins, il y
suppléa par le jeu. Il mena alors une vie dissipée jusqu'à ce que, mis dans la nécessité
d'apaiser le ressentiment de son père et de regagner les bonnes grâces du connétable Colonna, il la changea pour une vie laborieuse.
Doué d'une volonté à la fois souple et forte, il
se livroit avec un égal entrain au plaisir et au
travail. Cependant il n'avoit pas encore trouvé
sa voie. Il fut tour à tour soldat et diplomate.
Il avoit incontestablement le courage du premier état ; il en auroit eu l'exactitude, la vigi-

lance; mais il avoit bien davantage la sagacité, la pénétration, la finesse du second. Ce fut aussi par les négociations qu'il se poussa. Il comprit vite que la France, débarrassée de ses guerres civiles, grandiroit dans sa force et domineroit le monde. Il voulut être, il fut François.

Jules Mazarin n'avoit pas une grande âme; mais il avoit une âme capable des grandes choses que lui montroit son intelligence et vers lesquelles le poussoit son intérêt. Il agissoit beaucoup moins par passion que par calcul. Il marquoit à toutes ses actions un but; et il y marchoit sans trop de scrupules par tous les moyens, ceux de la violence exceptés; car, outre qu'il étoit d'une humeur douce, il lui auroit répugné de se laisser aller à des extrémités qui auroient fermé un chemin devant ou derrière lui. Il n'avoit guère d'amitiés ou d'inimitiés qui fussent à l'épreuve des événements. Il ne rompoit jamais entièrement avec personne; mais il n'avoit non plus avec personne des liens si étroits qu'il ne pût en relâcher les nœuds en cas de besoin. On se rappelle qu'il joua dans sa jeunesse la comédie avec un grand talent. Il s'en souvint toujours un peu. Ce n'est pas sans quelque apparence que les pamphlétaires l'ont traité de Pantalon. Mais ils l'ont indignement calomnié quand ils l'ont accusé de mœurs galantes, quand ils lui ont imputé l'habitude abominable de la plus abominable débauche. Le biographe, qui l'a connu dans les jours les plus orageux de sa vie, ne permet pas même de soupçonner qu'il ait en aucune façon donné prétexte à un pareil outrage ; et dans l'aventure d'Alcala, il n'y a rien que la morale réprouve, rien qui soit contraire à la pureté.

51. C'étoit le 3 que devoient payer au roi les magistrats des cours souveraines pour avoir la liberté de vendre leurs charges. Il avoit été établi en 1604 et fixé au 6ᵉ de prix d'achat. Son nom de *Paulette* lui venoit de Charles Paulet, secrétaire de la chambre du roi, qui en avoit été le premier fermier. L'auteur du *Bandeau levé de dessus les yeux des Parisiens* appelle spirituellement le blocus de Paris en 1649, « la guerre du droit annuel. »

52. Les maîtres des requêtes qui avoient vu créer douze charges nouvelles, furent en effet les promoteurs de l'arrêt d'union rendu le mercredi, 13 mai 1648 : « Ce jour, la cour, toutes les chambres assemblées, ayant délibéré tant sur le rapport fait par les conseillers d'icelle que sur ce qui a été dit par les députés du Grand-Conseil, Chambre des Comptes et Cour des Aides, touchant le retranchement de leurs

gages et la délibération du roi pour le payement du droit annuel, a arrêté l'union et la jonction avec lesdites compagnies, qu'à cette fin, deux conseillers de chacune chambre de ladite cour seront députés pour conférer avec les députés d'icelles compagnies, pour ce fait et rapporté à ladite cour, être ordonné ce qu'il appartiendra ; Êt cependant, suivant l'arrêt fait en 1615, qu'aucun ne sera reçu aux offices qui vaqueront, que du consentement des veuves et héritiers. »

Saint-Julien a spirituellement traduit cet arrêt de la manière suivante, dans le *Courrier burlesque* :

« Le Parlement, qui n'est pas sot,
Et qui l'est moins encor, ce semble,
Lorsque tout son corps est ensemble,
Majeur, à jeun, après conseil.
S'unit avec le Grand-Conseil
Cour des Aides, Chambre des Comptes.
Prince, ce ne sont pas des contes.
Dès lors ils jugèrent entre eux
Qu'en cas que quelque malheureux
De leur corps vînt à se répandre
Et convertir sa chair en cendre,
Aucun ne lui succéderoit
En la charge qui vaqueroit,
Que ses héritiers et sa veuve
N'eussent devant dit : Je l'appreuve. »

53. Jean-François-Paul de Gondy, archevê-

que de Corinthe, coadjuteur de l'archevêque de Paris, cardinal de Retz en 1651, mort en 1679, le 23 août. Il étoit né au mois d'octobre 1614, à Montmirail.

54. L'auteur veut sans doute ici parler de l'arrêt fameux du 8 janvier 1649, dont voici le titre : « *Arrêt de la cour de Parlement donné, toutes les chambres assemblées, le huitième jour de janvier 1649, par lequel il est ordonné que le cardinal Mazarin videra le royaume, et qu'il sera fait levée de gens de guerre pour la sûreté de la ville et pour faire amener et apporter librement et sûrement les vivres à Paris.* » Paris, par les imprimeurs et libraires ordinaires, du roi 1649.

Qu'on nous permette de donner, au lieu du texte de cet arrêt, la traduction que Saint-Julien en a faite dans le *Premier Courrier françois, en vers burlesques.* Ce sera plus gai et non moins véridique. On ne doit pas craindre d'ailleurs que nous abusions du poétique chroniqueur de la Fronde de 1649. Nous n'y reviendrons plus.

> « Le vendredy, jour qu'on fait maigre,
> Messieurs, sur le traitement aigre
> Qu'on avoit fait aux gens du roy,
> Voulurent que, selon la loy,
> Dans le plus beau papier de France
> La reine reçût remontrance;

Et que, vu que le cardinal
Est seul auteur de tout le mal,
Et de la misère présente,
Dont on a preuve suffisante,
Il est jugé mal à propos
Avoir troublé notre repos,
Ennemi de notre bon sire
Et de son État qu'il déchire ;
Enjoint à lui que dans un jour
Il se retire de la cour ;
Dans huit, de France il fasse gilles ;
A faute de ce faire, aux villes
De lui courir sus, comme au loup
A qui chacun donne son coup ;
De le poursuivre à son de cloches ;
Qu'il lui soit donné des taloches
Par tous ceux qui le trouveront ;
Cependant troupes se feront
Pour la sûreté des entrées
Et pour l'escorte des denrées. »

55. Louis II de Bourbon, prince de Condé, né à Paris le 8 septembre 1621, mort à Fontainebleau le 11 décembre 1686.

56. Armand de Bourbon, prince de Conti, né à Paris en 1629, mort à Pézénas le 21 février 1666.

57. Henri II d'Orléans, duc de Longueville, né en 1595, marié en secondes noces à Anne-Geneviève de Bourbon-Condé ; mort à Rouen en 1663.

58. Michel Le Tellier, secrétaire d'État, né à Paris le 19 août 1603, mort chancelier de France en 1685.

59. On sait que le duc de Longueville avoit été premier plénipotentiaire de France aux conférences de Munster et qu'il avoit signé le traité du 24 octobre 1648.

60. C'étoit Guy de Bar qui suivit ses prisonniers au château de Marcoussis et à la citadelle du Havre. Il mourut à Paris en 1695, gouverneur de la ville et citadelle d'Amiens, grand bailli de Picardie, lieutenant général des armées du roi. Il étoit âgé de 91 ans.

61. Sous le titre d'*Epistolario inedito del cardinal Mazzarino publicato da Carlo Morbio*, il a paru en 1842, à Milan, un recueil de lettres italiennes de divers personnages, mais principalement du cardinal Mazarin, parmi lesquelles nous en trouvons une écrite par Zungo Ondedei, *d'ordre de Sa Majesté*, pour raconter l'arrestation des princes au marquis Gianettino Giustiniani. C'est évidemment la version que le cardinal vouloit accréditer en Italie. A ce titre, la lettre est très-intéressante et très-curieuse. En voici la traduction :

« J'annonce à Votre Seigneurie la nouvelle

du plus grand coup qui ait jamais été frappé
en France et qui se fera jamais. Trois princes
du sang ont été faits prisonniers en même temps
et envoyés au bois de Vincennes, où ils reste-
ront, s'il plaît à Dieu, jusqu'à ce que le roi ait
l'âge et la prudence nécessaires pour en disposer comme il l'entendra. Quand les ennemis
croyoient le seigneur cardinal abattu, accablé
et plus capable de souffrir que d'entreprendre,
ils ont appris qu'il avoit mis la main sur le
prince de Condé, considéré, riche, puissant,
glorieux et qui ne visoit à rien moins qu'à par-
tager le royaume avec le roi.

« C'est une action dans laquelle Son Éminence
a montré plus de hardiesse et de courage, plus
d'adresse et de prudence, où il a eu une plus
heureuse fortune qu'aucun grand ministre d'État
qui ait été ou qui puisse être à l'avenir.

« Il étoit à la fois très-difficile et très-chanceux
de prendre l'un de ces princes sans que l'autre
s'échappât, de conduire l'affaire sans qu'elle
fût découverte, d'avoir prêts les officiers et
toutes les autres choses nécessaires pour mener
l'œuvre à bonne fin, sans en parler à personne,
enfin de faire arriver les captifs jusqu'à la prison sans encombre. Cependant tout est venu à
son heure et a réussi de la manière la plus heureuse. Le coup avoit été combiné entre la reine,
le duc d'Orléans et le seigneur cardinal pour

le jour du conseil du 18 courant, de sorte qu'ils devoient être arrêtés au même instant, eussent-ils manqué de se rendre au palais et se fussent-ils trouvés en des lieux différents. Mais la fortune commença à favoriser l'entreprise en les amenant l'un après l'autre.

« Le duc d'Orléans avoit feint d'être malade ; et il se tenoit dans son lit pour n'être pas présent à l'exécution, et aussi pour écarter tout soupçon par son absence.

« La reine également prétexta une maladie pour interdire l'entrée de sa chambre à tout le monde, excepté aux trois princes et aux trois secrétaires d'État, qui, après avoir salué Sa Majesté, furent invités par le roi à passer dans une galerie à l'extrémité de l'appartement, afin d'éviter à l'auguste malade la fatigue qu'auroit pu lui causer une nombreuse compagnie.

« Le seigneur cardinal, qui entra le premier, sortit presque aussitôt et se retira dans son cabinet pour donner des ordres.

« A ce moment entre le capitaine des gardes de la reine qui dit au prince de Condé qu'il avoit ordre de Sa Majesté de le faire prisonnier, et avec lui le prince de Conti, son frère, et son beau-frère le duc de Longueville. Son Altesse resta comme frappée de la foudre ; puis elle s'écria : « Moi ! qui suis tout serviteur de la reine ! » Et après quelques autres paroles, il pria le chancelier de lui faire obtenir une audience de Sa Majesté; mais toutes les portes étant fermées, il se tourna vers M. Servien, le pressant de demander pour lui un entretien à M. le cardinal dont il se disoit le serviteur. Sur ces entrefaites, le lieutenant des gardes entra avec quelques soldats; et les princes furent obligés de partir. On les conduisit par un escalier dérobé dans le jardin; et de là, par une petite porte, on les mit dans un carrosse à six chevaux, préparé à cet effet, sous une escorte de vingt cavaliers au plus; gendarmes du roi qui avoient été commandés avec le consentement du prince lui-même, sous le prétexte d'arrêter quelques-uns de ceux qui avoient voulu faire du tumulte dans Paris ces jours passés.

Pendant ce temps, le duc d'Orléans avoit fait appeller le duc de Beaufort; et l'ayant informé de l'emprisonnement des princes, il lui dit de monter à cheval, d'aller par les rues de Paris apprendre au peuple ce qui s'étoit fait d'ordre du roi, et calmer l'agitation qui pouvoit en naître. Ce fut une circonstance bien favorable que l'inimitié qui existoit entre le prince de Condé et le duc de Beaufort. Le seigneur cardinal s'en servit fort à propos.

« A peu près au même moment, Ondedei se rendit au couvent du Val-de-Grâce avec un ordre de la reine pour ramener au Palais-Royal les nièces de Son Éminence, qu'elle vouloit ainsi soustraire à toute espèce d'insultes ou de représailles de la part des parents, amis ou serviteurs des princes.

« Le peuple ne vit pas dans cette arrestation un motif de soulèvement; loin de là. Il y trouva plutôt un sujet de satisfaction et de joie, comprenant que le roi étoit délivré de la tyrannie du prince et le royaume garanti à toujours de tous désordres. On a fait des réjouissances publiques et allumé des feux dans les rues, trois jours de suite; avec tant d'éloges du cardinal, avec tant de démonstrations d'affection pour lui dans tout le parti contraire, qu'on ne parle d'autre chose que de Son Éminence, de sa valeur et de la sagacité de son jugement.

« La reine fit convoquer le Parlement avant hier au soir et lui rendit compte de ce qui s'étoit passé. Puis hier matin, elle lui envoya le message ci-inclus qui fut reçu et lu avec de grands applaudissements.

« Mme de Longueville fut invitée par Sa Majesté à se rendre au Palais-Royal; mais elle a mieux aimé se retirer avec ses fils à Rouen, où le Parlement de cette ville l'a priée de choisir une autre retraite, déclarant qu'il ne vouloit pas déplaire à Sa Majesté.

« Les autres parents et amis, engagés dans le
parti du prince, se sont dispersés çà et là sans
avoir produit encore aucune nouveauté; et l'on
croit que le roi va faire un voyage dans leurs
provinces et gouvernements afin d'y établir
des gouverneurs à leur place et y mettre toute
chose en bon ordre.

« Pour finir, je baise de tout mon cœur la
main à Votre Seigneurie illustrissime.

« Paris, le 21 janvier 1650.

    « Ondedei; d'ordre de Sa Majesté. »

Cette lettre ne confirme pas toujours le récit
du biographe. Elle se dément même en un
point important : c'est qu'elle fait honneur à
Mazarin surtout de l'arrestation des princes,
tandis que le récit semble vouloir dégager la
responsabilité du cardinal, en notant qu'il
donna son avis le dernier, comme pour insi-
nuer que la majorité dans le conseil étoit formée et que la décision étoit arrêtée quand il
prit la parole. Cette contradiction s'explique,
à notre avis, par la différence des dates. La
lettre a été écrite quatre jours après l'événement, dans l'enivrement du succès; le récit est
de 1657; et l'expérience avoit depuis longtemps montré que le coup, si hardi qu'il eût
été, n'avoit pas tenu tout ce qu'on s'en étoit
promis.

Le message dont il est parlé dans la lettre ne se trouve pas dans l'*Epistolario*. Il est probable que la copie d'Ondedei a servi à la traduction qui a été publiée en 1650 à Milan sous le titre de : *Lettera del re mandata al Parlamiento di Parigi sopra la causa della ritentione de' signori principi di Condé e di Conti e duca di Longavilla.* In-4. Rien même n'empêche de croire que la traduction ne soit d'Ondedei qui, certainement, n'avoit écrit au marquis Giustiniani que pour faire répandre en Italie la relation ordonnée par le roi.

Nous pouvons en tout cas reproduire le texte de ce document, d'après l'édition qui en a été donnée par les imprimeurs et libraires ordinaires du roi avec le titre de : *Lettre du Roi sur la détention des princes de Condé et de Conti et duc de Longueville, envoyée au Parlement le 20 janvier 1650.* In-4.

« Nos amés et féaux, la résolution que nous avons été forcé de prendre par l'avis de la reine régente, notre très-honorée dame et mère, de nous assurer des personnes de nos cousins les princes de Condé et de Conty et du duc de Longueville, est si importante pour le bien de notre service qu'encore que nous ne devions qu'à Dieu seul le compte de nos actions et de l'administration de notre État, nous avons cru néanmoins ne pouvoir trop tôt vous en faire savoir les motifs et au public, afin que tous nos sujets étant informés de la nécessité absolue où nous nous sommes trouvé par la conduite desdits princes et duc d'en venir jusque-là, pour prévenir des maux irréparables qui menaçoient cette monarchie, chacun redouble son affection et concoure en ce qui dépendra de ses soins et de son pouvoir au but que nous nous proposons de rétablir un ferme repos au dedans de l'État, ayant même reconnu par expérience que c'est l'unique moyen de porter à la raison nos ennemis, qui ne se rendent difficiles à la conclusion de la paix que dans l'attente où ils sont que les divisions qui ont agité depuis quelque temps cet État, causeront enfin un bouleversement général dont nous espérons, avec l'assistance de Dieu, de le garantir. Nous nous promettons que le souvenir qu'aura toute la chrétienté de notre modération et de la douceur des conseils que nous avons suivis depuis notre avénement à la couronne (qui a été telle que souvent même on a imputé de foiblesse dans le gouvernement ce qui ne partoit que de notre pure bonté ou de prudence pour d'autres raisons plus fortes) persuadera aisément un chacun que nous n'avons eu recours au dernier remède qu'après avoir éprouvé que tous les autres étoient impuissants. Et, à la vérité, quand il a fallu délibérer sur l'arrêt

d'un prince de notre sang que nous avons toujours tendrement aimé et qui est d'ailleurs es-
timable pour beaucoup d'autres qualités qu'il
possède, d'un prince qui a remporté plusieurs
victoires sur nos ennemis où il a signalé son
courage, il est certain qu'encore qu'il ait mal
usé d'abord de la gloire particulière que nous
lui avons donné moyen d'acquérir, et que son
procédé en diverses entreprises qu'il a faites,
nous ait en tout temps donné de justes dé-
fiances de ses desseins, nous n'avons pu, néanmoins, sans une répugnance extrême nous dé-
terminer à résoudre sa détention; et nous
aurions encore dissimulé tout ce qu'il y avoit
de mal en sa conduite, à moins d'un péril
éminent de voir déchirer cet État, et à moins
d'avoir comme touché au doigt que dans le
chemin qu'avoit pris ledit prince, et où il s'a-
vançoit tous les jours à grands pas, l'un des
deux maux étoit inévitable; ou sa perte sans
ressource, ou la dissipation de cette monarchie
dans la ruine de notre autorité, de la conser-
vation de laquelle dépend principalement le
repos et le bonheur du peuple que Dieu a sou-
mis à notre obéissance. Il est si naturel à tous
les hommes d'aimer leurs ouvrages et d'en
vouloir, autant qu'il se peut, conserver le gré
et le mérite que personne, sans doute, ne pourra
présumer qu'ayant donné matière à notredit

cousin, par les emplois de guerre que nous lui avons confiés, d'acquérir une haute réputation, et ayant aussi comblé sa maison et sa personne de bienfaits de toute nature, nous eussions pu nous porter, sans une dernière nécessité, à perdre le fruit de toutes ces grâces et à nous priver du service que notredit cousin eût pu continuer à nous rendre et par ses conseils et par ses actions en des temps difficiles, comme sont ordinairement ceux d'une longue minorité, s'il ne se fût pas tant écarté qu'il a fait du chemin de son devoir, et qu'il eût pu modérer son ambition à se contenter de vivre le plus riche sujet qui soit aujourd'hui dans la chrétienté. Et, certes, si l'on considère les grands établissements qui sont dans sa maison, soit en charges, ou en gouvernements de provinces ou de places, ou en fonds de terre ou en argent, ou en biens d'Église, on avouera que jamais il n'a été versé ni en si peu de temps, dans une même maison, ni tant de grâces, ni de si considérables que nous en avons fait depuis notre avénement à la couronne à notre cousin, sans même mettre en compte tout ce que nous avons accordé à ses proches et à ses amis pour sa considération et à sa prière. Il ne peut pas nier qu'il ne tienne de notre libéralité seule tout ce qu'il possède aujourd'hui de charges et de gouvernements, puisque tout avoit vaqué par la

mort de feu notre très-cher cousin le prince de
Condé, son père, et qu'il fut alors en notre
pleine liberté d'en disposer en faveur de telles
autres personnes que nous aurions voulu en
gratifier préférablement à lui. Mais, pour reprendre la chose de plus haut, chacun peut se
souvenir comme dès que la reine régente, notre
très-honorée dame et mère, prévit le malheur
dont le ciel vouloit affliger la France par la
perte du roi, notre très-honoré seigneur et
père, et que l'on n'espéra plus rien du recou-
vrement d'une santé si précieuse à l'État, elle
s'appliqua particulièrement à gagner l'affection
de nosdits cousins en ordonnant, aussitôt
qu'elle fut désignée régente dans l'esprit du
roi, à ceux en qui ce grand prince prenoit le
plus de confiance, d'agir près de lui pour le
porter à faire diverses grâces à toute sa maison.
Ses ordres furent si heureusement exécutés
que, nonobstant que le roi crût avoir déjà
beaucoup fait pour elle, ayant mis peu de temps
avant cela le duc d'Anguien à la tête de sa
principale armée (à quoi il avoit eu d'abord
tant de répugnance qu'il avoit même délibéré
de le faire retirer en Bourgogne), on ne laissa
pas de lui persuader et encore de faire un honneur à feu notredit cousin le prince de Condé
qu'il avoit toujours extraordinairement souhaité, qui fut de l'appeler dans ses conseils pour

y exercer même la fonction de chef; et à quelques jours de là, il fut pourvu encore de la charge de grand maître de France, quoique le roi, comme chacun sait, eût résolu de la supprimer entièrement.

« La reine ensuite, dès les premiers jours de sa régence, lui donna en notre nom les maisons de Chantilly et Dampmartin ; ce qui fit dire dès lors à tous ceux qui avoient vu Chantilly, que c'étoit le plus beau présent que jamais aucun roi eût fait à une seule personne. On lui promit en outre d'acheter les biens de feu notre cousin le duc de Bellegarde, où la place de Bellegarde se trouvoit comprise, qui, pour son importance propre et à l'égard des autres gouvernements de notredit cousin, étoit celle de tout le royaume qui étoit le plus à sa bienséance et qu'il avoit le plus désirée. Et quoique tant de grâces et qui étoient extraordinaires, étant accordées au père, ne fussent pas moins avantageuses au fils qui en recevoit tout le fruit, la reine eut la bonté d'en vouloir départir encore de très-considérables à la personne du duc d'Anguien. On donna, à nos dépens, à notre cousin le maréchal de l'Hospital, la récompense du gouvernement de Champagne ; et pour y joindre une place, on récompensa au sieur de Thibaut le gouvernement des ville et citadelle de Stenay ; et l'une et l'autre

furent données en même temps audit duc. A
la mort de feu notre cousin le prince de Condé,
nous donnâmes en un seul jour à sa maison la
charge de grand maître de France, les gouvernements de trois provinces : la Bourgogne, la
Bresse et le Berry, outre celui de Champagne,
qu'elle avoit déjà, et trois places fortes : le
château de Dijon, Saint-Jean-de-Losne et
Bourges, outre Bellegarde et Stenay, dont elle
étoit en possession. Nous avions tout sujet de
croire qu'il n'y avoit point d'avidité de posséder ou de s'agrandir qui ne dût être pleinement assouvie par une si grave effusion de
bienfaits de toute nature; et notredit cousin
nous donna pour lors des assurances formelles
de ne jamais rien prétendre à l'avenir, avouant
et publiant lui-même que quelque service qu'il
eût rendu, ou qu'il pût encore rendre à l'État,
il ne pouvoit rien demander raisonnablement
au delà de ce que nous avions déjà fait pour
son avantage. Cependant il ne s'écoula guère
de temps qu'il ne mît en avant d'autres grandes
prétentions sur des prétextes mendiés et in-
justes, renouvelant, pour mieux parvenir à ses
fins, le mécontentement qu'il avoit témoigné
un an auparavant, de ce que nous avions pourvu
la reine, notre très-honorée dame et mère, de
la charge de grand maître, chef et surintendant général des mers, navigation et commerce

de France, qui avoit vaqué par la mort de notre cousin le duc de Brézé, son beau-frère,
comme s'il eût eu un privilége particulier de
rendre héréditaires dans sa maison toutes les
charges que ses parents auroient possédées
pendant leur vie; ne voulant pas se souvenir
même qu'il s'étoit positivement départi de nous
rien demander sur le fait de ladite charge lorsque nous le gratifiâmes de tant d'autres et qui
étoient si considérables, par la mort de son père
qui suivit de près celle du duc de Brézé. Avec
tout cela nous résolûmes de faire encore un
dernier essai de le contenter, espérant toujours
que l'âge tempéreroit ses excès et son ardeur
immodérée de s'élever. Et afin de bien ôter une
fois pour toutes par quelque grande grâce toute
occasion d'en demander d'autres, nous com-
blâmes la mesure de tout point; et sur les promesses qu'il nous renouvela de ne jamais rien
prétendre, nous lui accordâmes un nouveau
bienfait qui surpassoit en quelque façon tous
les autres, qui fut d'ajouter à toutes les places
de Bourgogne et du Berry, qu'il avoit déjà, et
à Stenay, celle de Clermont avec le don en
propre de tout le domaine, et de ceux de Stenay et de Jamets, qui valent bien près de cent
mille livres de rente. Nous avons depuis cela
accordé à notre cousin, le prince de Conty,
l'entrée dans nos conseils à l'âge de vingt ans

(quoique son frère et son beau-frère l'y eussent
déjà), cent mille livres de pension, la place de
Damvilliers, dont il fallut donner récompense
au sieur Danevoux, qui en étoit pourvu, et
établi sous son nom divers corps de troupes de
cavalerie et d'infanterie. Nous ne parlons point
de tant d'autres diverses grâces que nous avons
continuellement départies à notre cousin le
prince de Condé, et capables seules de satisfaire pleinement tout esprit tant soit peu réglé,
comme de sommes d'argent considérables que
nous lui avons données chaque année, et toutes
les augmentations de pensions pour lui ou pour
sa famille ou pour ses proches, qu'il a de-
mandées. Nous ne parlons pas de la considération que nous avons toujours faite de ses
prières, des brevets de duc, des promotions de
maréchaux de France, de tant d'emplois de
guerre, de tant de charges militaires et autres
de toute nature : les abbayes et évêchés, de
divers gouvernements de places donnés sur sa
recommandation à des personnes qui s'attachoient à lui. Enfin, nous appelons Dieu à
témoin qu'il n'y a diligence imaginable que
nous n'ayons pratiquée et à son égard et avec
ceux qui pouvoient avoir quelque part dans sa
confidence, pour fixer son esprit et pour le
contenter. Et sur ce sujet nous sommes obligé
de témoigner que notre très-cher et très-amé

oncle le duc d'Orléans, préférant le repos de l'État et le bien de notre service à tout autre intérêt et considération particulière, nous a lui-même porté toujours dans ces sentiments et contribué beaucoup par ce moyen aux avantages dudit prince et à toutes ses satisfactions. Mais tout a été inutile : nulle grâce, nulle application, nulle confiance n'ayant été capable de mettre des bornes au déréglement de son ambition. La nature de diverses prétentions qu'il a mises en avant de fois à autre et dont on a tâché de s'exempter avec douceur et prudence, pourra faire juger quels étoient les pensées et les emportements de cet esprit. Tantôt il a insisté fortement à se faire donner une armée pour aller conquérir la Franche-Comté, à condition qu'il la posséderoit après souverainement ; tantôt que nous lui donnassions Gravelines, Dunkerque et toutes les conquêtes que nos armes ont faites en Flandre du côté de la mer en plusieurs années, pour les posséder en souveraineté. Au milieu de la campagne dernière, pendant que notre armée étoit avancée dans la Flandre et qu'on ne pouvoit l'affoiblir sans lui faire courir risque de recevoir quelque grand échec, il prétendit qu'abandonnant toute autre visée d'incommoder les ennemis et au hasard même d'exposer nos frontières et nos places à leurs insultes et à leurs

attaques, on détachât de notredite armée un
grand corps de cavalerie pour aller du côté de
Liége appuyer le dessein qu'il avoit de porter
le prince de Conty, son frère, à la coadjuto-
rerie de cet évêché-là, afin de rendre par ce
moyen plus considérables les places qu'il a sur
la Meuse, et le gouvernement de Champagne,
outre un plus grand établissement qu'il pro-
jetoit de prendre de ce côté-là, comme nous
dirons ci-après.

« Tout cela fait voir clairement par beaucoup
de circonstances remarquables à quel point il
étoit possédé du désir de la souveraineté, pensée d'autant plus dangereuse en un esprit tout
de feu, comme est le sien, que nous sommes
d'ailleurs bien informé qu'il a eu souvent dans
la bouche, parlant à ses confidents, la perni-
cieuse maxime qu'on peut tout faire pour ré-
gner. Bien que dans une monarchie établie sur
des fondements aussi solides qu'est la nôtre,
et principalement sur l'amour et sur la fidélité
inébranlable que tous les François ont naturellement pour les droits et pour la personne
de leurs rois, une pensée si criminelle que celle-
là ait presque toujours été suivie du châtiment
ou de la ruine de ceux qui l'ont eue, ce seroit
manquer à ce que nous devons tant à nous-
même qu'à nos fidèles sujets de n'aller pas au-
devant de tout ce qui pourroit rendre faciles

avec le temps les moyens d'exécuter un si funeste projet; car, quand même les propos qu'il en a tenus n'auroient pas été une marque de ce qu'il avoit dans l'âme, il est certain que, à examiner de près toute sa conduite depuis notre avénement à la couronne, personne ne sauroit désavouer qu'il n'ait eu une intention toute formée de faire d'autres maux dans l'État, qui ne requièrent pas moins le remède que nous venons d'y appliquer, puisqu'il alloit ouvertement à l'établissement d'une puissance qui nous fût redoutable ; que son dessein étoit d'affoiblir et de mettre si bas l'autorité royale, que, s'emparant ou s'assurant par divers moyens des principales places du royaume, et s'attachant par obligation, par crainte ou par intérêt, toutes les personnes qui ont du crédit ou quelques bonnes qualités, il pût après en tout temps résister hautement à tout ce qui seroit de notre vouloir quand il ne seroit pas conforme au sien ; jeter impunément le trouble et la guerre dans l'État selon ses intérêts ou ses caprices ; profiter de toutes les occasions qui s'offriroient d'agrandir encore sa fortune ; et enfin, à le bien prendre, qu'il pût pendant notre bas âge nous réduire en état que nous n'eussions plus, arrivant à notre majorité, que le nom de roi et les apparences, et qu'il en eût en effet toute la puissance et l'autorité.

C'est véritablement la plus favorable acception qu'on pourroit donner à la conduite qu'il a tenue particulièrement depuis que les commandements de nos armées que nous lui avons confiés lui ont fourni matière d'y acquérir grande réputation et d'y faire quantité de créatures, et que, d'ailleurs, il s'est vu en possession de tant d'établissements considérables, que nous lui avons donnés coup sur coup pour l'obliger par gratitude à n'avoir d'autre pensée que celle de bien nous servir. Mais, bien loin de la reconnoissance que nous nous en étions promise, ç'a été alors qu'il a commencé à lever le masque et à vouloir surtout faire éclater la grandeur de son crédit, afin que personne ne prît plus d'autre voie que celle de recourir à lui pour obtenir des grâces de nous, ou pour éviter le châtiment de quelque crime ; ç'a été alors que les pratiques cachées qu'il avoit faites auparavant pour gagner à sa dévotion tous les officiers de nos troupes, et notamment les étrangers qui nous servent (à quoi il avoit mis un soin tout particulier), ont été changées en des menées ouvertes pour se les acquérir et les rendre tout à fait dépendants de lui ; ç'a été alors qu'il a fait voir clairement que le bien de notre service n'a jamais eu en son intention que la moindre part dans les actions de guerre qu'il a entreprises, puisqu'au plus pressant besoin que

nos armes aient jamais eu d'un chef de sa condition, et de son autorité pour suppléer à divers manquements restés de nos derniers désordres, il a évité de s'engager au commandement de nos armées qu'il poursuivoit autrefois
avec tant d'ardeur, afin de pouvoir s'appliquer
tout entier à la cour et à ses cabales, croyant
le temps propre arrivé de cueillir le fruit qu'il
s'étoit proposé, lorsque, toutes les campagnes,
il hasardoit un combat général sur cette maxime
dont il s'est souvent expliqué : que, gagnant la
victoire, il augmentoit sa réputation et avoit
même de nouveaux prétextes plausibles de se
faire donner d'autres récompenses ; et que, les
perdant, et nos affaires venant ensuite à tomber en désordre, il en seroit d'autant plus considéré pour le besoin qu'on auroit de lui ; ç'a
été alors qu'il est devenu libéral de caresses
plus qu'à son ordinaire, et qu'il a fait des recherches continuelles à tous les gouverneurs de
places et à tous ceux qui possèdent des charges
de quelque conséquence, ou qui sont assurés
par des survivances ou par d'autres moyens
d'y parvenir ; qu'il s'est engagé à nous presser
pour tous les intérêts indistinctement de quiconque s'est adressé à lui, sans considérer s'ils
étoient préjudiciables à l'État ou non ; qu'il a
fomenté tous les mécontents ; qu'il a flatté
leurs plaintes et promis de les assister ; qu'il a

tâché de débaucher tous ceux qui, par gratitude ou par affection, s'attachoient à nous et à
leur devoir, diminuant le prix des grâces qu'on
leur avoit faites, ou leur voulant persuader
qu'ils n'en pouvoient à l'avenir espérer aucune
que par son moyen ; ç'a été alors qu'il a exigé
de ceux qui lui offroient service un serment de
fidélité, de le lui rendre aveuglément envers et
contre tous, sans distinction de personnes ni de
qualités, et qu'il a persécuté ouvertement en
diverses manières tous ceux qui n'ont pas voulu
entrer avec lui dans cette dépendance ; ç'a été
alors que tout homme qui se donnoit à lui,
avoit le mérite et les qualités pour être préféré
sans difficulté à tout autre concurrent ; que ceux
qui se tenoient dans leur devoir, sans autre visée
que de nous bien servir, étoient toujours des
lâches et des gens de rien ; que ceux-ci mêmes
devenoient en un instant de grands personnages dignes de toutes sortes d'emplois et de
récompenses dès qu'ils se dévouoient à ses intérêts, ce qui étoit une voie sûre de passer du
néant au mérite, et de l'inhabileté à la suffi-
sance, comme il étoit infaillible d'acquérir son
amitié et sa protection dès que l'on perdoit nos
bonnes grâces ; ç'a été alors qu'il a fait des diligences sans nombre pour avoir à lui tous ceux
qui avoient des charges dans notre maison ou
pour la garde de notre personne ; qu'il a pro-

tégé ouvertement tous les délinquants, pourvu qu'ils recourussent à lui, quoiqu'ils eussent avant cela des attachements contraires ; que sa maison a été notoirement un asile pour tous les crimes qui se commettoient ; ç'a été alors qu'il a commencé à demander généralement tout ce qui vaquoit, de quelque nature qu'il pût être ; qu'en toutes occasions, autant petites que grandes, il a mis le marché à la main et menacé de quitter tout, de se cantonner et de se mettre à la tête de ceux qui seroient contre nous.

« Enfin ç'a été alors que pour mieux faire paroître sa puissance et sa fermeté pour les personnes qui entroient dans ses intérêts, il ne s'est pas contenté d'obtenir des grâces, mais il a mieux aimé que le monde crût qu'il nous les arrachoit par violence ; témoin le gouvernement du Pont-de-l'Arche qu'il voulut emporter de haute lutte et à jour nommé, sans quoi il nous fit entendre qu'il alloit allumer un nouveau feu dans l'État ; mais parce qu'il reconnut bien que la demande qu'il faisoit de cette place, étoit odieuse et généralement désapprouvée dans le monde, il publia d'abord qu'il ne poursuivoit la chose qu'à cause qu'il s'étoit engagé de parole au duc de Longueville de la lui faire avoir, déclarant au reste qu'il ne seroit pas excusable si, étant comblé de nos bienfaits de toute façon et si ayant de plus grands établissements qu'aucun prince n'a eu en France depuis l'origine de la monarchie, il prétendoit jamais rien ni pour lui ni pour les siens après cette affaire-là achevée. Nous nous portâmes donc encore dans cette occurrence-là à contenter son impétuosité, nonobstant la manière dont il en avoit usé, afin de lui ôter tout prétexte de brouiller ; mais quoique l'accommodement de cette affaire eût passé par les mains de notre très-cher oncle le duc d'Orléans, qui voulut en être l'entremetteur pour conserver la tranquillité publique, il se trouva le lendemain qu'on n'avoit rien avancé et que ce n'étoit pas le même homme qui, le soir d'auparavant, avoit témoigné une entière satisfaction à notredit oncle, et donné sa parole de bien servir. Il reprit, le jour suivant, ses premières froideurs et témoigna disposition à faire pis pour extorquer de nous quelques nouveaux avantages, ne se voulant plus souvenir de la déclaration qu'il avoit formellement renouvelée de ne prétendre jamais rien après le Pont-de-l'Arche accordé. Enfin la reine lassée de tant de rechutes, et voulant, s'il étoit possible, couper pour une bonne fois la racine de toute mésintelligence, le fit presser vivement de s'expliquer nettement de ce qu'il désiroit pour vivre en repos et dans son devoir. Sur quoi ayant déclaré qu'il avoit conçu de l'ombrage de quelques alliances (auxquelles néanmoins il avoit non-seulement, dès les premiers jours qu'il en fut parlé, donné son consentement, mais les avoit conseillées lui-même, six mois durant, comme les croyant fort utiles), et ayant en outre témoigné souhaiter que la reine lui promît une sincère et entière attention, comme aussi de faire grande considération des personnes qu'il lui recommanderoit dans des rencontres, et enfin de lui donner part généralement de tout ce qui se résoudroit en quelque matière que ce pût être, la reine eut la bonté en premier lieu, pour lui ôter tout prétexte de dégoût et de méfiance, de lui faire promettre qu'on ne concluroit rien dans ces alliances-là que de concert avec lui ; et quant aux deux autres points, elle y engagea d'autant plus librement sa parole qu'elle ne se souvenoit pas d'y avoir jamais manqué et croyoit même d'avoir plutôt penché du côté de l'excès que de l'omission. Mais on connut bientôt par son procédé à quel dessein il avoit exigé de la sorte des promesses non nécessaires et que son but en cela n'avoit été autre que d'avoir un nouveau prétexte de les étendre à demander plus hardiment et exécuter avec plus de hauteur tout ce qui lui tomberoit dans l'esprit qui pût servir à avancer son projet de se rendre maître absolu des forces de l'État. Et en effet, à quatre jours de là, la correspondance dont il commença de payer la sincère affection que la reine lui avoit promise, avec toutes les solennités et sûretés qu'il avoit désirées, ne fut pas simplement de recevoir en sa protection ceux qui la lui demandèrent contre elle, mais de l'offrir lui-même à diverses personnes qui avoient encouru notre indignation ou dès long-temps auparavant ou pour des fautes qu'ils venoient de commettre. Notre cousin le maréchal de Schomberg se trouva bientôt après en danger de la vie : on tient d'abord sur ces incidents un conseil dans la famille dudit prince dont le résultat est de demander et d'emporter, à quelque prix que ce soit, le gouvernement de Metz et pays messin pour le prince de Conty qui étoit d'ailleurs en traité pour avoir aussi l'évêché de Metz. La reine, notre très-honorée dame et mère, est forcée par la folle conduite d'un extravagant de le chasser hors de sa présence ; ledit prince prend aussitôt sa protection à découvert ; l'empêche de se retirer, veut même contraindre la reine à le recevoir et par un insupportable manquement de respect qu'aucun François n'entendra sans une indignation extrême, il vient jusqu'à menacer de prendre cet étourdi dans sa maison et de le mener tous les jours devant la reine ; et si on n'eût été obligé par

prudence à lui faire espérer que le temps raccom-
moderoit cette affaire, et que lui-même n'eût appréhendé de nuire à d'autres grandes prétentions
qu'il poursuivoit en même temps, on eût couru
risque de voir réduite notre très-honorée dame et
mère ou à souffrir de lui cette injure ou à se porter
à toute extrémité pour s'en défendre. Qui n'a
point su les différentes partialités si préjudiciables au bien de l'État et de notre service qu'il
a témoignées dans les derniers mouvements de
Provence et de Guienne, où en deux affaires
de même nature il vouloit en un lieu relever
entièrement l'autorité du gouvernement à l'oppression du parlement, et en l'autre faire direc-
tement le contraire, sans qu'il eût aucune autre
raison d'un procédé si différent qu'à cause que
l'un des gouverneurs étoit son parent et qu'il
n'aimoit pas l'autre ; afin que par de semblables
exemples de grand éclat, chacun venant à reconnoître ce que coûtoit son aversion et ce que
sa protection valoit, on ne songeât plus qu'à
se départir de toute amitié et dépendance pour
se donner à lui sans réserve. Quelle autre patience que celle de la reine eût pu souffrir le
prince, dans un conseil tenu en notre présence,
menaçant de rouer de coups de bâton dans
Paris les députés de notre parlement de Provence parce qu'ils avoient osé faire plainte, de
la part de leur corps, des mauvais traitements

qu'ils prétendoient leur être faits par notre cousin le comte d'Alais, contraires aux conditions de pacification que nous avions accordées à cette province-là? Quel moyen de tolérer plus longtemps la violence avec laquelle il avoit commencé de suffoquer la liberté de nos conseils, par sa manière d'agir impétueuse envers les ministres qui ont l'honneur d'y assister, dont presque aucun n'étoit plus exempt de menaces en particulier ou d'affronts en public et en notre présence même quand leur conscience et leur devoir les obligeoient à embrasser quelque avis qui ne se trouvoit pas conforme à celui dudit prince?

« Sa modération n'étoit pas plus grande dans les gouvernements que nous lui avons confiés. Ce n'étoit pas assez que tout ce qu'une grande province, comme la Bourgogne, fournissoit avec tant d'affection et de ponctualité pour notre épargne, fût entièrement absorbé par lui et par les siens, s'il n'y eût encore exercé une puissance qui faisoit gémir sous son oppression tous les particuliers dont plusieurs ont été forcés de nous faire des plaintes en secret, et nous remontrer qu'il ne lui restoit plus qu'à prendre la qualité de duc pour en être souverain. Notre province de Champagne ne recevoit pas de son frère un plus favorable traitement, tous les bourgs et villages et la plupart des villes ayant été tellement exposés ou au pillage des troupes qui portent son nom, ou à l'avarice de ceux qui s'étoient emparés de son esprit, pour obtenir des délogements, que grand nombre de familles ont été obligées d'abandonner les lieux de leur demeure pour se retirer aux pays étrangers circonvoisins. Avec quelles paroles enfin expliquerons - nous l'affaire du Havre et les moyens criminels qu'il a tenus pour s'emparer de cette place, l'une des plus importantes du royaume pour sa situation et sans contredit la meilleure pour sa force? Après avoir employé diverses pratiques pour séduire la jeunesse de notre cousin le duc de Richelieu afin de lui faire épouser clandestinement une femme qui par divers respects est entièrement dans sa dépendance, non content de nous avoir sensiblement offensé pour s'être rendu avec le prince de Conty et la duchesse de Longueville, sa sœur, les promoteurs du mariage d'un duc et pair, pourvu d'une des principales charges de l'État, sans notre su et sans notre permission, et d'avoir voulu comme autoriser par leur présence un contrat de cette nature prohibé par les lois du royaume, comme si ce n'étoit pas assez de s'être emparé par cette voie illicite de la personne d'un jeune homme, il le fait partir, la même nuit de ses noces, lui donne pour conseil et pour conducteur celui des siens qui avoit déjà été employé à le débaucher, et le fait jeter en diligence dans le Havre, afin de s'emparer ainsi de cette place, laquelle étant située à l'embouchure de la rivière de Seine, peut donner lieu de maîtriser Rouen et Paris, tenir en sa sujétion tout le commerce de ces deux grandes villes, recevoir en un besoin des secours étrangers et pouvoir introduire à point nommé leurs forces dans le royaume quand pour ses fins particulières il auroit dessein de troubler l'État. Et d'autant qu'il jugea bien qu'il y auroit aussitôt nombre de courriers dépêchés vers ledit duc de Richelieu pour lui faire connoître en cette rencontre notre intérêt et le sien, il en dépêcha plusieurs à l'instant pour faire arrêter en chemin les autres, violant en cela au plus haut point qu'on peut concevoir, le respect, la fidélité et l'obéissance qui nous sont dus. Ensuite de quoi par un attentat encore plus grand, la reine ayant envoyé elle-même une personne expresse à Sainte-Maure qui commandoit dans le Havre, pour lui porter ses ordres dans un événement de si haute conséquence, et lui faire entendre l'obligation qu'il avoit de nous conserver la place sans y souffrir aucun changement, il n'en fut pas plutôt averti qu'il dépêche un autre courrier et mande qu'on jette dans la mer, une pierre au col, la personne qui arriveroit chargée des ordres de la reine ; et cela avec une telle présomption et un si grand mépris de notre autorité qu'il a été le premier à s'en vanter hautement. Enfin pour nous ôter par divers moyens toute disposition de cette place, il fait partir en diligence la dame même qui lui avoit l'obligation récente de son mariage, lui fournit de l'argent pour gagner de plus en plus l'esprit du jeune duc, en envoie encore par d'autres voies pour le payement de la garnison afin de s'acquérir les officiers et les soldats qui la composent ; et pour y avoir, outre tout cela, d'autres gens plus à sa dévotion, et qui lui fussent connus, il fait accompagner ladite dame de bon nombre d'hommes à cheval qui s'y sont jetés, faisant courir le bruit qu'on avoit dessein de l'enlever en chemin. Tant d'entreprises sur la puissance royale dont cette dernière seule du Havre est digne d'un châtiment rigoureux, ne nous ont plus laissé aucun lieu de douter des pernicieux desseins de notredit cousin, non plus que de la hardiesse qu'il eût eue à les exécuter si nous n'y eussions apporté à temps un remède proportionné à la grandeur du mal. Cependant, afin que vous soyez informés aussi des nouveaux moyens qu'il méditoit, pour pousser son projet en avant, et des travaux qu'il nous préparoit encore et que nous avons prévenus par sa détention, voici ce qui étoit en dernier lieu sur le tapis : Il traitoit avec l'ambassadeur de Mantoue pour l'achat de la place et de la principauté de Charleville, non-seulement sans notre permission, mais contre le refus exprès que nous lui en avons toujours fait ; et parce que nous avions adroitement fait naître entre eux des difficultés sur le prix, le sieur Perrault avoit depuis peu déclaré audit ambassadeur que son maître dépêcheroit dans peu de jours à Mantoue une personne expresse pour conclure l'affaire avec le duc même. Sur quelques oppositions qui avoient été formées à la jouissance de Clermont et des domaines des environs (quoique faciles à surmonter, comme il a paru depuis), ledit prince s'étoit déjà laissé entendre que, s'il y étoit troublé, il falloit lui donner la place de Sedan et tout le domaine qui en dépend, qui a été par nous récompensé à notre cousin le duc de Bouillon de la valeur de beaucoup de millions.

« Des personnes dépendantes de lui avoient introduit présentement une négociation avec le sieur d'Aiguebère pour l'achat du gouvernement du Mont-Olympe qu'il faisoit état de payer de son propre argent pour le faire tomber entre les mains de quelqu'un des siens, afin qu'il n'y eût plus de place en Bourgogne qui ne fût à lui, hors Châlons. Il nous pressoit d'acheter du sieur Plessis-Besançon à nos dépens le gouvernement des ville et citadelle d'Auxonne pour une de ses créatures. Il avoit même redoublé depuis peu les diligences qu'il a toujours employées pour faire réussir le mariage du marquis de La Moussaye avec la fille du sieur d'Erlach, gouverneur de Brissac, afin d'avoir encore cette place importante à sa dévotion, quoiqu'en cela comme en toute autre chose, nous ayons tout sujet de nous louer de la conduite et de la fidélité dudit sieur d'Erlach. Nous avons aussi été averti de divers endroits qu'il faisoit traiter quelques autres mariages pour mettre, par ce moyen, dans sa dépendance, des principales charges du royaume et bon nombre de places de grande considération. Il avoit fait venir à la cour, malgré toutes ses incommodités, notre cousin le maréchal de Brézé pour se joindre ensemble à demander encore la charge de chef et surintendant des mers, quoique l'un ni l'autre ne puissent y avoir l'ombre seulement imaginaire d'aucun droit. Ledit prince a déjà été récompensé deux fois, comme nous l'avons dit; et ledit maréchal a été gratifié encore en cette considération, après la mort de son fils, de trente-trois mille livres à prendre annuellement sur les droits d'arrérage qui sont les plus clairs deniers de ladite charge. En outre, bien que ledit maréchal ait tiré, depuis quelques mois, par notre grâce et permission, cent mille écus de sa démission du gouvernement d'Anjou et que toutes ses sûretés aient été prises pour faire que cette somme vienne après sa mort à notre cousin, le duc d'Anguien, lesdits prince et maréchal avoient encore dessein de nous presser tous deux de donner la survivance du gouvernement de Saumur au duc d'Anguien. Et cela étant accordé, nous savons que ledit prince, pour se rendre toujours plus considérable dans ses gouvernements et dans ses charges, avoit résolu de nous faire les dernières instances pour emporter tout d'un coup, en faveur de son fils, âgé seulement de six ans, tout ce généralement que nous avons donné en divers temps à son père et à lui. Quand nous n'aurions point été touché des préjudices et des périls ci-dessus exprimés qui nous menaçoient, où nous pourrions même ajouter beaucoup d'autres, que pour certaines considérations et circonstances il n'est pas à propos de donner au public, il s'est rencontré que tout ce que nous avons de fidèles serviteurs dans notre conseil et au dehors nous ont représenté en même temps qu'une plus longue patience rendroit bientôt le mal sans remède, et que l'unique moyen d'en garantir notre État, aussi bien que notre personne, étoit de faire arrêter mondit cousin qui, tenant tous les jours des conseils de famille pour l'établissement de cette puissance qu'ils vouloient opposer à la nôtre, n'avoient pas honte de compter entre les moyens d'y parvenir, outre les grandes charges et les gouvernements des provinces qui sont à eux ou dans leur dépendance, qu'ils étoient déjà maîtres de toutes les grandes rivières du royaume par les diverses places qu'ils ont entre les mains, ou qu'ils croyoient avoir à leur dévotion sur la rivière de Seine, de Meuse, de Saône, du Rhône, de Loire, de Garonne. Enfin, pour renouveler, si on eût pu, en ces temps-ci, l'exemple des anciennes puissances qui ont fait passer autrefois ceux qui les ont eues d'un état particulier à la royauté, et, afin que l'autorité que ledit prince a déjà envahie fût encore accrue notablemnnt, étant appuyée par un pouvoir légitime émané de nous, il poursuivoit vivement pour se faire donner l'épée de connétable (quoique la charge ait été supprimée) ; laquelle jointe au bâton de grand maître et à l'amirauté dont il ne tenoit la poursuite en permanence que jusqu'à ce qu'il eût été créé connétable, il eût eu par l'une, notre maison et tous nos domestiques en son pouvoir; par l'autre, le commandement général sur tous les gens de guerre de notre royaume; et par la troisième, la puissance absolue sur la

mer et sur les côtes; et comme nous lui avions
fait représenter touchant l'épée de connétable
que notre très-cher oncle le duc d'Orléans auroit
grand sujet d'être offensé pour l'intérêt de la
charge qu'il a de notre lieutenant général en
toutes nos armées et provinces, il demandoit
maintenant que nous fissions expédier les provisions sans le su de mon oncle pour les tenir
secrètes jusqu'à ce qu'il eût pu le lui faire trouver bon, ou plutôt jusqu'à ce que les desseins
qu'il méditoit lui donnassent lieu de soutenir
l'affaire hautement, quelque désordre qu'il en
eût pu arriver. Cependant, pour se mettre mieux
en état de nous violenter en toutes choses, en
même temps qu'il faisoit des poursuites si
extraordinaires, il demandoit avec instance,
sous divers prétextes, qu'on fît approcher de
ces quartiers-ci les troupes qui portent son
nom ou qui en dépendent, lesquelles seules
sont capables de composer un corps d'armée,
sans avoir égard que la plupart sont employées
pour notre service et pour la défense de l'État
en divers lieux fort éloignés, circonstance que
nous estimons digne de très-grave réflexion,
aussi bien que celle des fortifications de Stenay
et de Clermont où on travailloit incessamment à ses dépens; comme encore le prix
fait depuis un mois à deux cent mille francs
pour fortifier Bellegarde; n'étant guère à pré-

sumer qu'à moins d'avoir des pensées et des desseins tout à fait extraordinaires, il eût voulu employer son propre argent à rendre plus fortes des places qui sont déjà de soi en très-bon état et qui ne sont menacées d'aucun ennemi. Nous avons, par beaucoup de respects, dissimulé nos justes ressentiments jusqu'à une telle extrémité que nous sommes assuré que le monde jugera que nous avons trop hasardé par notre patience.

« Il est vrai que nous espérions toujours que la prudence que notredit cousin pourroit acquérir avec l'âge, modéreroit cette grande ardeur, ou que tant de bienfaits sans exemple dont nous l'avions comblé l'obligeroient à se tenir par gratitude dans les termes de son devoir ; mais ayant au contraire vu les choses réduites en tels termes qu'il falloit se résoudre ou à lui accorder tout (et par cette voie nous aurions été bientôt dépouillé) ou à le lui refuser (et nous l'aurions vu bientôt les armes à la main contre nous-même) ; voyant d'ailleurs que la profusion de nos grâces ne lui servoit plus qu'à lui en faire prétendre tous les jours de nouvelles, qu'une plus grande tolérance seroit la perte infaillible de l'État si on ne trouvoit bientôt quelque moyen d'arrêter la course violente de ce torrent qui n'avoit plus de digues qu'il ne rompît pour tout inonder ; et ayant

enfin remarqué depuis quelque temps que les
avis que nous recevions de quelque endroit
que ce fût des pays étrangers, s'accordoient
tous à dire que le plus véritable sujet de l'aversion que les Espagnols témoignent à la conclusion de la paix procède de ce qu'ils veulent
voir auparavant à quoi aboutiront les desseins
et les actions du prince de Condé qui va, disoient-ils, s'emparant, tous les jours, des principales forces de l'État et de l'autorité, ce qui
ne peut pas tarder ou de produire une guerre
civile dans ce royaume, ou de causer le bouleversement de cette monarchie, nous avons
estimé que ce seroit défaillir à Dieu qui nous
a commis le régime de cet État, à nous-même
et au bien et repos de nos sujets si nous n'ap-
portions, sans plus de délai, remède à un mal
devenu désormais si pressant, qu'il eût pu,
étant négligé, donner bientôt un coup fatal à
l'État. Nous avons donc résolu par l'avis de
la reine régente, notre très-honorée dame et
mère, de nous assurer de la personne de notredit cousin le prince de Condé, comme aussi
de celle de notre cousin le prince de Conty,
complice présentement de tous les desseins de
son frère, et qui depuis notre retour à Paris a
incessamment visé et concouru par sa conduite
à toutes les mêmes fins. Quant à notre cousin
le duc de Longueville, nous nous étions pro-

mis que le grand nombre de grâces que nous lui avions accordées, soit en places, soit en honneurs ou en biens, et que nous avons même de beaucoup augmentées depuis nos dernières déclarations de paix, l'obligeroient suivant ses promesses et son devoir à procurer de toute sa puissance le repos de la province que nous lui avons confiée, et le bien de notre service dans le reste de l'État; mais nous avons remarqué depuis ce temps-là qu'il n'a rien omis d'extraordinaire et d'injuste pour acquérir dans son gouvernement un crédit redoutable; qu'il ne s'est pas contenté d'y posséder diverses places très-considérables dont l'une a été arrachée de nous en dernier lieu par les artifices que chacun a vus, ni de voir presque toutes les autres, aussi bien que les principales charges de la province, entre les mains de ses dépendants; qu'il ne s'est pas contenté d'avoir joint à la charge de gouverneur en chef celle de bailli de Rouen et de Caen pour avoir un prétexte apparemment légitime de troubler la fonction de nos juges ordinaires, et par ce moyen usurper une nouvelle autorité dans la justice aussi bien que dans les armes; et enfin qu'il ne s'est pas contenté de faire travailler ouvertement des émissaires pour débaucher les esprits de nos fidèles sujets et attirer dans sa dépendance tous ceux qui ont témoigné affection pour notre service, n'ayant pas fait scrupule de les menacer d'une entière ruine s'ils refusoient plus longtemps d'épouser aveuglément toutes ses passions; mais aussi qu'il a eu part dans les conseils et principaux desseins de nosdits cousins les princes de Condé et de Conty, et qu'il a presque toujours assisté aux délibérations tenues dans leurs familles pour l'établissement et augmentation de leur commune grandeur et d'une puissance légitimement suspecte à celle que Dieu nous a donnée dans notre royaume; et d'ailleurs que les siens disoient déjà insolemment dans sa maison que si l'année dernière il ne put venir à bout du Havre tout seul, tous ensemble auroient fait enfin le coup, ensuite de quoi on devoit l'appeler duc de Normandie, ne lui restant pas à beaucoup près tant de chemin à faire pour aller à la souveraineté qu'il en avoit fait pour parvenir à l'excès du pouvoir et des forces qu'il avoit dans la province; voyant en effet qu'il commençoit à exercer divers actes de cette prétendue souveraineté par des désobéissances formelles à nos ordres; témoin le refus qui fut fait, il n'y a que peu de jours, au Pont-de-l'Arche, de recevoir les compagnies de gens d'armes et de chevau-légers de notre garde; quoiqu'il n'y eût que peu de jours que nous l'avions mis en possession de cette place et qu'il y eût un ordre exprès signé de nous pour les y faire loger; nous avons été ainsi contraint par tant de respects de nous assurer de la personne de notredit cousin le duc de Longueville. Cependant nous voulons bien vous faire savoir qu'encore que tous ces périls dont notre royaume étoit menacé, fussent si grands et si pressants que ç'a été presque défaillir au devoir d'un bon roi d'avoir différé jusqu'à présent les remèdes nécessaires pour l'en garantir, néanmoins l'amour que nous avons pour la justice, et l'appréhension que l'on ne nous imputât d'en vouloir arrêter le cours pour d'autres fins, nous a fait tenir toutes choses en suspens, même avec beaucoup de hasard, pour vous donner le temps d'achever le procès que vous aviez commencé par notre ordre et à la requête du procureur général contre tous ceux qui se trouveront coupables de la sédition qui fut excitée l'onzième décembre dernier (*affaire des rentiers de l'Hôtel de ville et coup de pistolet de Guy Joly*) ou de l'entreprise faite contre la personne dudit prince de Condé, que voulons être continué par vous sans interruption et selon la rigueur de nos ordonnances; mais ayant su que ledit prince avoit fait approcher de lui plusieurs gentilshommes de sa dépendance, des officiers de ses troupes et que de ses plus confidents s'étoient laissés entendre qu'il méditoit quelque dessein qui ne pouvoit être qu'au préjudice de notre autorité et du repos de nos sujets, puisqu'il ne nous en donnoit aucune connoissance, ayant même d'ailleurs reçu des avis certains qu'il se préparoit à se retirer dans son gouvernement en diligence et sans notre congé, aussitôt qu'il verroit que les choses ne passeroient pas entièrement selon son désir parmi vous, afin d'y faire éclore avec plus de sûreté les résolutions formées de longue main dans son esprit, et que de concert avec lui, lesdits prince de Conty et duc de Longueville se dévoient aussi rendre en même temps dans leurs gouvernements, il n'a plus été en notre pouvoir d'user de remise; et nous avons été forcé pour le repos de notre État de passer par-dessus toute autre considération et de nous assurer de leurs personnes sans plus de délai. Et d'autant que leurs partisans et ceux qui vont sans cesse cherchant les occasions de brouiller pourroient essayer de donner quelque mauvaise interprétation à une résolution si juste et si nécessaire pour le repos et salut de notre État, que notre devoir nous oblige de préférer à toute autre chose, nous déclarons n'avoir aucune intention de rien faire contre notre déclaration du vingt-deuxième octobre 1648, ni contre celle du mois de mars 1649 et autres que nous avons fait publier depuis pour la pacification des troubles passés, tant dans notre bonne ville de Paris et la Normandie que la Provence et la Guienne; lesquelles nous voulons et entendons demeurer en leur force et vertu en tous les chefs qu'elles contiennent; car tel est notre plaisir. Donné à Paris le 19 janvier 1650. *Signé :* LOUYS. Et plus bas : Par le roi et la reine régente, sa mère présente : DE GUÉNÉGAUD. »

Cette lettre fut envoyée le 21 janvier à la Chambre des Comptes et à la Cour des Aides. Omer Talon raconte qu'elle procédoit de la main du cardinal Mazarin, lequel l'avoit concertée avec Lionne. Puis il ajoute : « Elle fut lue dans la grande Chambre, en notre présence, avec grande attention et grand silence, personne n'ayant sourcillé ni rendu aucun témoignage de contradiction à tout ce qui est écrit en icelle, que j'ai appris être absolument dans la vérité de l'histoire et qu'il n'y a dans tout ce narré aucune supposition. »

Si le parlement garda le silence, les pamphlétaires prirent la parole. Il y eut bientôt plusieurs réponses à la *Lettre*. Nous n'en indiquerons que deux : *Discours au parlement sur la détention des princes.* S. l. n. d., 31 pages in-4°; *Factum pour MM. les princes;* également S. l. n. d., 30 pages. Il y a dans ce dernier pamphlet une phrase qui est tout un trait de mœurs : « Autrefois on condamnoit quelquefois les princes à mort ; mais on ne les mettoit pas en prison. »

62. La joie du peuple n'éclata pas seulement en feux de joie, comme le dit Oneedei dans la lettre que nous venons de citer ; elle éclata aussi en libelles. Du 18 janvier au 2 février on n'en compta guère moins de quarante. Il y en a dont il suffit de rappeler le titre, comme celui-ci : *le Retour du prince de Condé dans le ventre de sa mère. Inde exeunt flumina, inde revertuntur.*

> « Ce fier torrent dont la rage et l'envie
> Ravageoit tout, sans ordre ni raison,
> S'est englouti dans la même prison
> Où il avoit reçu l'air et la vie. »

S. l. n. d., 11 pages. Avons-nous besoin de dire qu'ici la mère du prince de Condé, c'est le château de Vincennes ? Il y a d'autres pamphlets dont il est à propos de reproduire au moins quelques vers pour donner une idée complète de l'esprit de vengeance qui animoit la Fronde. Dans le *Magnificat de la reine sur la détention des princes*. Paris, Jean Brunet, 1650, 8 pages ; la dernière stance, qui correspond au

Gloria patri, est adressée au capitaine des gardes de la reine :

« Guitaut, que jamais la faveur
Après ce coup ne t'abandonne,
Puisque tu causes le bonheur
Du peuple et de la couronne. »

C'est sans fiel cela. Le pamphlétaire veut le bien de Guitaut; il ne dit pas qu'il veuille le mal du prince de Condé. Il sait se contenir. En voici un autre qui s'exprime plus librement; c'est l'auteur du *Revers du prince de Condé, en vers burlesques, et le regret de quitter la ville de Paris pour aller loger au château de Vincennes.* Paris, veuve d'Anthoine Coulon, 1650, 8 pages.

« Dieu veuille qu'il y demeure
Tant que pour le tirer dehors
Paris remue son grand corps,
Ou recommence le grabuge
Qu'il fit pour sauver le bon juge (Broussel)....
D'où pour le repos de la France
Le plus jeune sorte grison....
De parler ici d'échafaud,
Je ne l'ose faire tout haut. »

63. La princesse de Condé arriva à Bordeaux le 31 mai; et le 1er juin, *Arrêt de la cour du parlement de Bordeaux portant que le roi sera très-humblement supplié d'agréer que*

madame la princesse de Condé et M. le duc d'Anguien, son fils, demeureront en la présente ville, sous sa sauvegarde et de sa justice, avec le registre y mentionné. Bordeaux, J. Mongiron Millanges, 1650, 4 pages. Le roi partit de Paris pour la Guienne le 4 juillet. La paix fut faite le 1er octobre : *Déclaration du roi accordée à son parlement et ville de Bordeaux, du 1er octobre 1650, portant amnistie générale de ce qui a été fait depuis la dernière déclaration de Sa Majesté, du 26 décembre 1649, enregistrée en ladite cour, le 7 janvier 1650, ensemble les propositions de monseigneur le duc d'Orléans, registres du parlement de Paris, lettre de Sadite Majesté portant approbation d'iceux et révocation de M. le duc d'Épernon du gouvernement de Guyenne, avec l'arrêt d'enregistrement et de publication.* Bordeaux, L. Mongiron Millanges, 1650, 12 pages. Pour avoir toutes les pièces annoncées dans le titre il faut joindre à la *Déclaration* la *Vraie suite de la déclaration du roi accordée pour la pacification des troubles de Bordeaux, du 1er octobre 1650, à Bourg sur la mer, portant amnistie générale de ce qui a été fait depuis la dernière déclaration de Sa Majesté du 26 décembre 1649, enregistrée en ladite cour, le 7 janvier 1650, ensemble les propositions de monseigneur le duc d'Orléans, registres du par-*

lement de Paris, lettre de Sadite Majesté, por-
tant approbation d'iceux et révocation de M. le
duc d'Épernon du gouvernement de Guyenne,
avec l'arrêt d'enregistrement et publication et
actes de protestation de serment faite par
madame la princesse, pour elle et M. le duc
d'Enguyen (sic), *son fils, les ducs de Bouillon*
et de La Rochefoucault de demeurer dans le
service du roi. Paris, par les imprimeurs et libraires ordinaires du roi, 1650, 7 pages.

64. Attaqué le 10 juin, le Câtelet fut rendu
le 15. La Capelle fut prise le 3 août, après une
vaine tentative des Espagnols contre Guise que
défendoit Bridieu et dont ils levèrent le siége
le 1er juillet. Château-Porcien (le *Castel Percia*
du texte) et Rhetel suivirent de près.

65. C'est alors que les prisonniers furent
transférés de Vincennes à Marcoussis, gros
château à quelques lieues de Paris, près de
Montlhéry. La translation eut lieu le 3 septembre.

66. César de Choiseul, maréchal du Plessis-
Praslin, mort en 1675. Il a laissé des *Mémoires*
qui sont bien connus.

67. La bataille de Rethel, que du Plessis-

Praslin gagna le 15 décembre contre Turenne.

68. Le roi y assista en personne, ainsi que le montre la *Lettre du roi envoyée à MM. les prévôt des marchands et échevins de la ville de Paris sur la grande défaite des troupes espagnoles, lorraines et autres rebelles de ce royaume, et pour assister au* Te Deum *où Sa Majesté sera en personne.* Paris, Pierre Rocollet, 1650, 4 pages. La lettre est datée du 18 décembre.

69. Mazarin partit de Paris le 6 février 1651. Son départ fut salué par la publication d'une douzaine de pamphlets assez maussades, quoique plusieurs aient été reproduits dans le *Nouveau Siècle de Louis XIV*, de Sautereau de Marsy.

70. C'est une fausse date. Les princes, rendus à la liberté le 13 février, firent leur entrée dans Paris le 16.

71. Dès le 7 février, il y avoit eu un *Arrêt de la cour de parlement pour la liberté de MM. les princes et l'éloignement du cardinal Mazarin hors du royaume de France, le 7 février 1651.* Paris, par les imprimeurs et li-

braires ordinaires du roi. S. d., 6 pages. Le 9, autre *Arrêt de la cour de parlement, toutes les chambres assemblées, portant que le cardinal Mazarin, ses parents et domestiques étrangers vuideront le royaume de France; autrement permis aux communes et autres de courir sus, avec autres ordres pour cet effet. Du jeudi, 9 février* 1651. Paris, par les imprimeurs -et libraires ordinaires du roi, 1651, 4 pages. Le 20, troisième *Arrêt de la cour de parlement portant qu'aucuns cardinaux étrangers, naturalisés, même François, ne seront reçus dans les conseils d'État du roi, et que les qualités de notre très-cher et bien-aimé, attribuées au cardinal Mazarin, seront retranchées de la déclaration de Sa Majesté. Du lundi,* 20 *février* 1651. Paris, Jean Guignard, 1651, 4 pages. Enfin, le 11 mars, dernier *Arrêt de la cour de parlement, toutes les chambres assemblées, contre le cardinal Mazarin. Du samedi,* 11 *mars* 1651. Paris, par les imprimeurs et libraires ordinaires du roi. S. l., 6 pages. Cet arrêt confirme tous les précédents.

72. Il faut probablement lire Dourlens où Mazarin étoit en effet vers la fin de février. En tout cas, ce ne peut être Orléans. Qu'il y ait une lettre du cardinal à la reine, comme le dit le biographe, c'est possible; c'est probable

même ; et celle que nous allons citer tout à l’heure donne tout lieu de le croire ; mais nous n’avons rencontré nulle part le texte de la lettre de Dourlens.

73. Le premier écuyer étoit alors Henri de Beringhen, sieur d’Herminvilliers, mort en 1692. S’il eut la commission de porter à Mazarin la lettre de la reine, ce fut avec Henri Massuis, sieur, puis marquis de Ruvigny.

74. Cette lettre a été publiée en 1651, sans nom de lieu ni d’imprimeur, sous le titre de : *Lettre du cardinal Mazarin envoyée à la reine touchant sa sortie hors du royaume. Du sixième mars 1651.* La voici :

Madame,

Aussitôt que j’ai vu dans la lettre que Votre Majesté m’a fait l’honneur de m’écrire, et reconnu par ce que M. de Ruvigny y a ajouté de sa part, que le service du roi et le vôtre demandoient que ma retraite de la cour fût suivie de ma sortie hors du royaume, j’ai souscrit très-respectueusement à l’arrêt de Votre Majesté, dont les commandements et les lois seront toujours l’unique règle de ma vie. J’ai déjà dépêché un gentilhomme pour m’aller chercher quelque azyle ; et quoique je sois sans équipage et dénué de toutes les choses nécessaires pour un long voyage, je partirai demain sans faute pour m'en aller droit à Sedan et de là passer au lieu que l'on aura pu obtenir pour ma demeure. Je dois trop déférer aux ordres de Votre Majesté pour avoir hésité le moins du monde à prendre ces résolutions. Ce n'est pas, Madame, que beaucoup d'autres en ma place, avec la justice et le nombre d'amis que je puis avoir, n'eussent pu trouver des moyens pour se mettre à couvert des persécutions que je souffre, auxquels je ne veux point puiser, aimant mieux contenter la passion de mes ennemis que de rien faire qui puisse préjudicier à l'État ou déplaire à Votre Majesté. Encore qu'en cette occasion, ils aient eu le pouvoir d'empêcher Son Altesse royale de suivre les mouvements de sa bonté naturelle, ils n'ont pas laissé de lui témoigner, contre leur intention, qu'ils avoient fort bonne opinion de ma fidélité, de mon zèle pour le bien de l'État et de mon entière résignation aux ordres de Votre Majesté ; car à moins que d'être entièrement persuadés que je suis inébranlable dans ces sentiments-là, ils n'auroient pas été assez peu prudents pour me pousser avec tant de violence, sans faire aucune réflexion sur la connoissance que je dois avoir des plus secrètes et importantes affaires du

13

royaume, dont j'ai eu si longtemps le maniement, ni sur les amis que mes services et la
bienveillance de Votre Majesté m'ont acquis et
qui sont assez considérables par leur nombre,
par leur qualité et par la passion qu'ils m'ont
témoignée en ce rencontre. Mais j'ai trop de
ressentiment, Madame, des grâces que j'ai
reçues de Votre Majesté, pour être capable de
lui déplaire ; et quand il faudroit sacrifier ma
vie, je le ferois avec joie pour la moindre de ses
satisfactions. J'en aurai beaucoup dans mon
malheur si Votre Majesté a la bonté de conserver quelque souvenir des services que j'ai rendus à l'État, depuis que le feu roi, de glorieuse
mémoire, me fit l'honneur de me confier la
principale direction de ses affaires et de prier
Votre Majesté, plusieurs fois avant sa mort, de
me maintenir dans la même place. Je me suis
acquitté de cet emploi avec la fidélité, le zèle
et le désintéressement que Votre Majesté sait,
et s'il m'est bienséant de le dire, avec quelque
peine, puisque toutes les personnes sensées, et
les Espagnols même avouent qu'ils se sont moins
étonnés des grandes conquêtes que les armées
du roi ont faites dans les cinq premières
années de votre régence, que de voir que pendant les trois dernières on ait pu soutenir les
affaires, sauver du naufrage un vaisseau battu
de tous côtés, et si furieusement agité par la

tempête que les divisions domestiques avoient
excitées. J'eusse bien souhaité, Madame, de
pouvoir cacher aux étrangers le mauvais traitement que je reçois, pour empêcher que le
blâme ne rejaillisse sur une nation que j'ai toujours honorée et chérie avec tant de tendresse ;
mais quand ils me verront errant parmi eux,
avec les personnes qui me sont plus proches,
pour chercher un abri, ils auront sujet de
s'étonner qu'un cardinal qui a l'honneur d'être
parrain du roi soit traité de la sorte, et que
vingt-deux ans de services fidèles ne lui aient
pu acquérir une retraite sûre en quelqu'endroit
d'un royaume dont les limites ont été assez
notablement étendues par ses soins.

Je prie Dieu, Madame, que comme ce qui
m'est arrivé n'altèrera jamais la passion im-
muable que je conserverai jusqu'à la mort pour
la prospérité de Vos Majestés, pour l'agrandis-
sement de l'État, je puisse aussi en faire bientôt
cesser les désordres et montrer que ceux qui
m'ont attaqué n'en veulent qu'à ma personne.
C'est,

  Madame,

   De Votre Majesté

  Le très-humble, très-obéissant serviteur
  et sujet,

   Jules, cardinal MAZARIN.

75. Le château de Breuil, petite place entre Cologne et Bonne.

76. Nous ne voyons pas bien à quel arrêt du parlement le biographe fait allusion. Il n'y en eut pas moins de trois dans le mois de décembre 1651, un quatrième en février et un cinquième en mars 1652, sans compter deux arrêts du 24 avril et du 7 septembre 1651 en faveur des créanciers du cardinal. Le premier a été publié sous ce titre : *Arrêt de la cour de parlement, toutes les chambres assemblées, contre le cardinal Mazarin, du 13 décembre 1651.* Paris, par les imprimeurs et libraires ordinaires du roi, 1651, 8 pages. Voici le second : *Arrêt de la cour de parlement, toutes les chambres assemblées, contre le cardinal Mazarin et ses adhérents, du vingtième jour de décembre 1651.* Paris, par les imprimeurs et libraires ordinaires du roi, 1651, 7 pages. Le troisième a été rendu le 29 décembre : *Arrêt de la cour de parlement donné contre le cardinal Mazarin, publié le 30 décembre 1651.* Paris, par les imprimeurs et libraires ordinaires du roi, 1651, 7 pages. Le titre du quatrième est ainsi conçu : *Arrêt de la cour de parlement donné, toutes les chambres assemblées, contre le cardinal Mazarin du 25 janvier 1652.* Paris, par les imprimeurs et libraires ordinaires

du roi, 1652, 6 pages. Enfin le cinquième or-
donne l'exécution de tous les autres : *Arrêt du
parlement, toutes les chambres assemblées, portant que sans s'arrêter à l'arrêt du grand conseil
du 22 février dernier, les arrêts de là cour de
parlement donnés contre le cardinal Mazarin
seront exécutés, du 21 mars 1652.* Paris, par
les imprimeurs et libraires ordinaires du roi,
1652, 4 pages.

77. Les pièces où sont le plus complétement
exposés les griefs de la Fronde sur ce point
sont : *Apologie particulière pour M. le duc
de Longueville, où il est traité des services que
sa maison et sa personne ont rendus à l'État,
tant pour la guerre que pour la paix, avec la
réponse aux imputations calomnieuses de ses
ennemis, par un gentilhomme breton.* Amster-
dam (*Paris*), 1650, 116 pages; et *Apologie
pour messieurs les princes, envoyée par madame de Longueville à messieurs du parlement de Paris.* (S. l. 1650.) 37 pages.

78. Ce troisième point de l'accusation a plus
occupé les pamphlétaires que le parlement. On
a publié, le 25 octobre 1650, une *Lettre du
Grand Turc écrite en France à M. Rousseau,
avocat au conseil, au sujet des Arméniens pris
en mer qui sont de présent à Paris.* Paris, Ni-

colas. Jacquard, 1650, 6 pages. Dans la *Plainte publique sur l'interruption du commerce*, Paris, Jean Brunet (1650), 20 pages; l'auteur ne dénonce pas seulement l'intelligence avec les corsaires, mais la course même que font les vaisseaux du roi, pour deux raisons, dit-il : la première, c'est que les navires alliés refusent d'amener et d'aller ou d'envoyer à bord lorsqu'ils en reçoivent le commandement; la seconde, que les navires amis portent des marchandises ennemies. Il affirme que le commerce maritime employoit mille grands vaisseaux, sans compter les moyens et les petits, et trente mille mariniers. Les grandes pêches occupoient trois cents bâtiments et dix mille matelots. Ces assertions seroient très-dignes d'intérêt si elles avoient quelque caractère de certitude. En 1652 un autre pamphlet donne sur ce grief de l'opinion des détails encore plus précis; c'est celui qui est intitulé : *Observations sur quelques lettres écrites au cardinal Mazarin et par le cardinal Mazarin.* Paris, Nicolas Vivenait, 74 pages. « Demandez aux marchands de Paris, de Rouen, de Saint-Malo, de Nantes, de Bordeaux, de Marseille, de Lyon, de Toulon et autres villes. Ils vous diront que trois ou quatre millions volés sur les Anglois, les Hollandois, les Arméniens, les Vénitiens, les Génois, coûtent le

triple aux François qui naviguent sur les mers
Océane et Méditerranée; que quatre ou cinq
corsaires enrichis et la part que le cardinal
Mazarin a eue en leur butin, ont entièrement
ruiné notre commerce; outre la haine dans laquelle on a jetté notre nation. Ne sait-on pas
que par lettres patentes il a été permis à nos
capitaines de vaisseaux et galères de prendre
tout ce qui leur seroit nécessaire pour leur subsistance sur amis ou ennemis, alliés ou non
alliés et même sur les sujets du roi, sans avoir
épargné le pape et le grand-duc qui en ont
porté leurs plaintes? Ignorons-nous que le cardinal Mazarin a tiré de ce brigandage, dans une
année, jusqu'à huit cent mille livres; qu'il jouit
encore à présent sous le nom de la reine du
tiers de tout ce qui est écumé sur les deux
mers; et qu'il tient à Toulon un agent qui au-
torise ces voleries et fait la recette de ce qui
en provient? »

79. Dubosc Montandré qualifie ces maximes
de maximes italiennes dans le *Déréglement de
l'État où les curieux verront que les véritables
causes des désordres sont : 1. le mépris de la
religion dans la division de ses docteurs, dans
la politique des prédicateurs et dans le mauvais exemple des grands; 2. la confusion des
trois États dans l'ambition déréglée du clergé,*

dans l'abus de la noblesse et dans le luxe du peuple ; 3. l'impunité des crimes dans les personnes publiques ; 4. la trop grande abondance des richesses dans les ecclésiastiques ; 5. le mauvais usage de la politique dans la pratique des maximes italiennes, contraires à la simplicité des Francois ; avec un discours ensuite qui fera voir dans l'application de ces cinq causes à leurs effets, par les exemples du temps, que tous les désordres de l'État en sont provenus. S. l. 1651, 39 pages. Les maximes italiennes sont que le roi est maître absolu de la vie et des biens de ses sujets ; qu'il n'est pas obligé de tenir sa parole, et que l'intérêt est la seule règle de la dispensation des charges publiques. On les retrouve sous une forme plus concise et plus ferme dans les *Tres-humbles remontrances par écrit faites et présentées au roi par messieurs du parlement de Paris en la ville de Sully-sur-Loire contre le retour et pour l'éloignement et la punition du cardinal Mazarin.* Paris, veuve J. Guillemot, 1652, 15 pages : « La bonne foi ne doit être en usage que parmi les marchands. L'honnête homme n'est pas esclave de sa parole. Il n'y a pas de danger de mentir pourvu que le mensonge ne soit découvert qu'après qu'il a réussi. » C'est ici le lieu de remarquer que les pamphlétaires protestants, et notamment les

réfugiés, ont emprunté le fond de leurs dé-
clamations contre Louis XIV aux accusations
de la Fronde contre Mazarin. Il n'y en a pas
d'exemple plus frappant que le libelle diabo-
lique qui a paru à Cologne pour la première
fois en 1684 et pour la dernière à Francfort,
en 1705, sous le titre de *Breviarium politicum
secundum rubricas Mazarinicas*. Ce n'est, à le
bien prendre, qu'un long et injurieux dévelop-
pement des maximes italiennes du pamphlet de
Dubosc Montandré et des *Très-humbles remontrances*. Un autre libelle, aujourd'hui plus
célèbre encore que le *Breviarium politicum*,
peut-être parce qu'il a eu moins d'éditions et
qu'il est plus rare; les *Soupirs de la France
esclave qui aspire à la liberté*, nous fournit sur
ce sujet l'occasion d'un rapprochement curieux.
Jurieu, qu'il faut en croire l'auteur, à notre
avis, y dit, page 83 : « Pharamond a établi la
monarchie françoise sur ces deux lois : la première, que le peuple seroit maître de l'élection
de ses rois; la seconde, que l'autorité des rois
seroit bornée selon la volonté du peuple. » C'est
le droit public qu'il oppose à la royauté de
Louis XIV. Or, on avoit lu, en 1652, dans une
mazarinade de Dubosc Montandré : *Le coup
d'Etat du parlement des pairs ou le Prince
convainquant le Mazarin par la raison et par
l'histoire*, etc. : « Le pouvoir que les Francs

donnèrent à Pharamond à la naissance de leur monarchie, doit être la règle de la royauté françoise et le terme de son ambition. »

80. Abel Servien, marquis de Sablé, né à Grenoble en 1593, mort le 12 février 1669.

81. Hugues de Lionne, né à Grenoble en 1611, mort à Paris le 1er septembre 1671.

82. L'arrêt du parlement fut rendu le 14 juillet 1651; mais les secrétaires d'État n'y furent pas nommés. La reine cependant comprit qu'elle devoit céder, et les congédia le 20.

83. Nicolas de Neuville, duc de Villeroi, maréchal de France, gouverneur du roi, né en 1597, mort le 28 novembre 1685. Il n'étoit pas l'ami de Mazarin; mais il n'auroit eu garde de s'en déclarer l'ennemi. Un pamphlétaire l'avoit très-bien nommé :

« Cher favori de la prudence. »

84. Le garde des sceaux étoit Charles de l'Aubespine, marquis de Chateauneuf, né à Paris en 1580, mort en 1653. Ce ne fut pas le parlement qui le fit entrer au ministère après

la majorité du roi ; ce fut la cabale de Mme de Chevreuse par le coadjuteur.

85. Léon Le Bouthillier, comte de Chavigny, mort en 1652. Il étoit de la faction du prince de Condé. La reine ne l'appela donc pas. Au contraire, elle lui fit un accueil très-sévère lorsqu'il se présenta pour prendre la place au moins d'un des secrétaires d'État.

86. Non pas le 18 juillet, mais le 21. Le biographe auroit dû dire d'abord que le prince de Condé s'étoit retiré à Saint-Maur le 6 ; que là il avoit écrit, le 7, la *Lettre de monsieur le Prince à messieurs du parlement de Paris.* Paris, Nicolas Vivenay, 1651, 7 pages ; que la reine avoit répondu par le *papier non signé* dont parle Omer Talon, et qui a été publié sous le titre de *Réponse que là reine a donnée à messieurs les gens du roi pour porter au parlement, après la lecture faite par Sa Majesté de la lettre de monsieur le Prince.* Paris, 1651, 5 pages ; enfin, que le prince avoit répliqué, le 9, par la *Seconde lettre écrite à messieurs du parlement par M. le prince de Condé, servant de réponse à l'écrit envoyé par la reine régente à messieurs du parlement par messieurs les gens du roi.* Paris, veuve J. Guillemot, 1651, 8 pages. L'arrêt même du 14 ne

suffit pas pour faire sortir de sa retraite le
Prince, qui ne revint à Paris qu'après le départ
des secrétaires d'État.

87. Ce bois étoit le Cours la Reine. La
rencontre dont la date est contestée dut
avoir lieu avant le 25 juillet, puisque ce jour-
là, le premier président la rappela au prince de
Condé dans la séance du parlement. Elle causa
dans Paris une émotion assez vive pour qu'il
fût nécessaire de publier d'abord un *Avis au
peuple*, puis un *Second avis sur les calomnies
contre M. le Prince*. Paris, Nicolas Vivenay, 1651.

88. C'est Henri-Auguste de Loménie, comte
de Brienne, secrétaire d'État, mort en 1666.

89. Ni ce récit, ni cette analyse du discours
prononcé au nom du roi ne sont parfaitement
exacts. Surtout il n'est pas vrai que le coadjuteur ait dénoncé un traité de Condé avec les
Espagnols, encore moins qu'il en ait eu une
copie. Mais nous ne pouvons pas nous engager
à redresser toutes les erreurs du biographe. Il
suffira de reproduire le texte du discours qui a
été imprimé sous ce titre : *Discours que le roi
et la reine regente, assistés de monseigneur le
duc d'Orléans, des princes, ducs, pairs, offi-*

ciers de la couronne et grands du royaume, ont fait lire en leur présence aux députés du Parlement, Chambre des Comptes, Cour des Aydes et corps de ville de Paris, au sujet de la résolution qu'ils ont prise de l'éloignement pour toujours du cardinal Mazarin hors du royaume, et sur la conduite présente de monsieur le prince de Condé, le 17ᵉ jour d'août 1651. Paris, par les imprimeurs et libraires ordinaires du roi, 1651, 8 pages.

« C'est avec un extrême déplaisir qu'a-près toutes les déclarations que nous avons ci-devant faites avec tant de solennité contre le retour du cardinal de Mazarin, nous voyons que les ennemis du repos de l'État se servent encore de ce prétexte pour y fomenter les divisions qu'ils y ont allumées. C'est ce qui nous a obligé à vous envoyer quérir pour vous déclarer de nouveau que nous voulons et entendons exclure pour jamais ledit cardinal non-seulement de nos conseils, mais de notre royaume, pays et places de notre obéissance et protection; faisant défense à tous nos sujets d'avoir aucune correspondance avec lui, enjoignant très-expressément que toutes personnes qui contreviendront à notre volonté encourent les peines portées par les ordonnances des rois nos prédécesseurs et par les derniers arrêts de nos cours souveraines, voulant que toutes déclarations nécessaires pour cela soient expédiées. Après vous avoir donné ces assurances, et à tous nos sujets, nous ne pouvons plus dissimuler, sans blesser notre autorité, ce qui se passe. Un chacun sait les grâces que la maison de mon cousin le prince de Condé et lui en particulier ont reçues du feu roi, de glorieuse mémoire, mon très-honoré seigneur et père, et de la reine, ma très-honorée dame et mère, régente. Après avoir accordé sa liberté aux instantes prières de mon très-cher et très-aimé oncle le duc d'Orléans et aux très humbles supplications de mon parlement de Paris ; après lui avoir rendu le rang qu'il avoit dans mes conseils, restitué le gouvernement des provinces et places que lui et les siens tiennent dans mon royaume en si grand nombre qu'il est aisé de juger que celui qui les a désirées vouloit plutôt prendre le chemin de se faire craindre que de se faire aimer ; après avoir rétabli les troupes levées sous son nom, capables de composer une armée ; après lui avoir accordé l'échange du gouvernement de Bourgogne avec celui de Guyenne, lui ayant permis de retenir les places qu'il avoit dans la province qu'il laissoit, ce qui ne s'étoit jamais pratiqué ; après lui avoir fait payer les sommes immenses qu'il disoit lui être dues d'arrérages, de pensions, d'appointements, de désintéressement, de montres de

ses troupes et garnisons, qui sont telles que
pour le contenter, on a été contraint de di-
vertir les fonds destinés à l'entretien de ma
maison et subsistance de mes armées ; bref
n'ayant rien omis de ce qui lui pouvoit apporter une entière satisfaction et le disposer à
employer les bonnes qualités que Dieu lui a
données, et qu'il a fait paroître autrefois, à l'a-
vantage de notre service, nous avions conçu
cette espérance lorsqu'à notre très-grand regret elle a été trompée par des actions bien
contraires aux protestations qu'il nous avoit
faites solennellement dans l'assemblée de notre
parlement. Nous ne dirons rien de ce que,
aussitôt après sa liberté, l'ardeur de ses poursuites nous porta à faire les changements que
vous avez vus dans le conseil. Cette entreprise
lui ayant réussi, il prit la hardiesse d'accuser
et se plaindre de la conduite de trois de nos
officiers ou de la reine, notre très-honorée
dame et mère, laquelle leur ordonna de se retirer non-seulement de notre cour, mais de notre
bonne ville de Paris, pour ôter à notre dit
cousin tout prétexte de plainte et pour étouffer
les tumultes qu'il excitoit. Nous espérions que
toutes ces grâces le disposeroient à nous complaire en quelque chose, ou pour le moins
l'empêcheroient de continuer ses mauvais desseins, lorsqu'avec un extrême regret nous avons

vu des effets tous contraires à ceux que nos bontés avoient tâché de provoquer. Nous avons remarqué qu'après que notre très-cher et bien-aimé oncle le duc d'Orléans lui a donné de notre part et a porté à notre parlement nos paroles royales qui lui offroient toutes les sûretés qu'il pouvoit désirer et qu'il avoit requises, il demeura quelques jours sans pouvoir se résoudre à nous voir, quoiqu'il se fût rencontré une fois à notre passage. Enfin, pressé par notre parlement de nous rendre ses devoirs, il prit résolution de nous voir une seule fois, où il fut reçu par la reine notre très-honorée dame, mère et régente, avec toutes les démonstrations d'une parfaite bienveillance qui eût été capable de le guérir de ses appréhensions, si elles ne venoient plutôt de sa propre conscience que des mauvais offices qu'il veut croire lui être rendus. Nous sommes obligé de vous dire ce qui est venu en notre connoissance touchant ses menées tant au dedans comme au dehors de notre royaume. Pour commencer par les choses qui sont publiques, chacun a vu que notredit cousin s'est absenté depuis deux mois de nos conseils, qu'il les a décriés dans nos parlements et partout ailleurs, disant qu'il ne pouvoit se fier en nous ni en ceux qui nous approchoient; ayant écrit à tous nosdits parlements et quelques-unes de nos bonnes villes pour leur don-

ner de mauvaises impressions de nos intentions; engageant en même temps dans toutes
nos provinces plusieurs gentilshommes et soldats à prendre les armes aussitôt qu'ils en seroient requis de sa part. Nous avons appris
aussi qu'il renforçoit les garnisons des places
que nous lui avons confiées, les munissoit de
toutes choses nécessaires, et faisoit sans nos ordres travailler en diligence aux fortifications,
employant à cela nos sujets et les contraignant
d'abandonner leurs récoltes. Il a fait retirer
nos cousines, sa femme et sa sœur, dans le fort
château de Mouron. Il a ramassé de toutes
parts des sommes notables de deniers. Enfin il
pratique publiquement tout ce qui peut nous
donner sujet de croire ses mauvaises intentions.
Nous avons été confirmé en cette croyance par
les avis certains que nous avons reçus de divers endroits, des intelligences qu'il formoit
avec les ennemis, tant à Bruxelles avec l'Autriche que dans le camp avec le comte de Fuen-
saldagne, faisant escorter ses courriers jusque
dans les portes de Cambray par quelque cavalerie tirée des troupes qui n'obéisssent qu'à
lui seul. Ces pratiques étant faites à notre insçu,
sans nos passe-ports et contre notre volonté,
qui peut douter de son intelligence avec ceux
contre lesquels nous sommes en guerre ouverte?
Il n'a voulu non plus faire sortir les Espagnols

de la ville de Stenay, ainsi qu'il s'étoit obligé de le faire ; cette seule condition ayant été exigée de lui lorsqu'il fut retiré de prison.

» Sa conduite est cause que don Estevan de Guemarre s'est approché de la Meuse avec son armée, qu'il a ravitaillé Mouson et s'est conservé le passage de Dun, qui met en contribution une partie de la Champagne. Pour donner aussi plus de moyen à nos ennemis d'entreprendre contre nous, et arrêter les progrès que notre armée plus puissante que la leur pourroit faire dans les Pays-Bas, par une entreprise qui n'a jamais été vue dans notre royaume, quelques ordres exprès qui aient été donnés, ceux qui commandoient ses troupes n'ont jamais voulu obéir aux commandements que nous leur avons faits, de joindre les siennes au corps d'armée où elles avoient été destinées par nous et par notre oncle le duc d'Orléans ; ce qui a renversé jusqu'à présent tous nos desseins, tant à cause de la juste défiance que nous avons eue de ceux de notre cousin, comme aussi parce qu'il a donné loisir aux ennemis de se reconnoître et de se mettre en état de s'opposer à nos forces, outre que leur résolution s'est augmentée par les espérances, ou pour mieux dire, par les assurances qu'on leur a données de quelque mouvement dans notre royaume. Nous ne pouvons nous empêcher de vous dire toutes

les désolations que les gens de guerre commandés par notredit cousin ont faites et qu'ils con-
tinuent de faire en se maintenant entre la
Picardie et la Champagne, qu'ils achèvent de
ruiner, au lieu d'être dans les pays ennemis à
leur faire la guerre. La liberté que ces troupes
prennent de piller nos sujets, fait aussi que plusieurs de nos sujets abandonnent notre camp
pour vivre dans la licence qui est dans le sien.
Nous avons bien voulu vous donner part de
toutes ces choses, encore que la plus grande
partie vous fût déjà connue. Nous croyons que
vous jugerez par ces déportements publics de
notredit cousin que ses menées secrètes ne sont
pas moins dangereuses. La connoissance que
nous en avons ne nous permet pas de le pouvoir dissimuler plus longtemps sans abandonner le gouvernail de cet État que Dieu nous a
mis en main et que nous sommes résolu de tenir
avec fermeté. Nous savons que si nous n'ap-
portons un prompt remède aux désordres qu'on
veut jeter dans notre État, nous ne pouvons
obliger nos ennemis d'entendre à la paix que
nous désirons de conclure, ni réformer les abus
qui se sont glissés dans notre royaume, ainsi
agité par tant de pernicieux desseins et entreprises, si nous ne les prévenions et en arrêtions
le cours, comme nous sommes résolu de le faire
par les moyens que Dieu nous a mis en main,

dans l'assurance que nous avons et que vous nous avez toujours témoignée, de votre fidélité et affection à maintenir notre autorité, entretenir nos sujets dans l'obéissance qu'ils nous doivent ; et nous nous assurons que vous continuerez à apporter tout ce qui dépendra de vos soins, pour faire valoir nos bonnes intentions pour le bien et repos de notre royaume. Fait à Paris le dix-septième jour d'août mil six cent cinquante-un. *Signé* Louis ; *et plus bas* DE GUÉNÉGAUD. »

On sait par le témoignage du cardinal de Retz que ce discours fut écrit par le président de Bellièvre sous la dictée de Châteauneuf, adouci par le conseil de Gondi et approuvé par Molé, qui pourtant « y trouva trop de vinaigre et y mit du sel. » Suivant Mme de Motteville, le premier président se contenta « d'y corriger quelque chose qu'il jugea ne pas être selon l'ordre » ; et le duc d'Orléans « y corrigea deux articles qui ne pouvoient pas être prouvés contre le prince de Condé ! »

90. Il est impossible de reconnoître à ce récit la fameuse séance du 21 août ; mais les faits de cette journée sont trop connus pour que nous ayons besoin d'en rétablir ici la vérité. Disons seulement que ce n'étoit pas pour une information juridique que le parlement

s'étoit réuni, mais pour continuer sa délibération sur les justifications présentées dès le 19
par le prince de Condé.

91. C'est Limours apparemment qu'a voulu
dire le biographe ; mais Limours appartenoit au
duc d'Orléans qui avoit coutume de s'y retirer
dans ses bouderies contre la cour. Son château,
avec titre de comté, à quelques kilomètres de
Versailles, étoit alors la résidence favorite du
prince. C'est aujourd'hui un des chefs-lieux de
canton du département de Seine-et-Oise. De
fait, après quatre séances du parlement, le
prince de Condé retourna dans sa maison de
Saint-Maur.

92. La solennité eut lieu le 7 septembre
1651. Il y en a une bonne relation intitulée :
*Les Particularités des cérémonies observées en
la majorité du roi, avec ce qui s'est fait et
passé au parlement, le roi séant en son lit de
justice. Paris.* 1651, 8 pages.

93. Elle a été imprimée dans la pièce qui a
pour titre : *L'Entrée du roi dans son parlement
pour la déclaration de sa majorité, ensemble la
lettre écrite au roi par M. le Prince sur le
sujet de son absence à l'action de sa majorité.*
Jouxte la copie imprimée chez Nicolas Jacquard 1651, 8 pages ; et puis séparément :

Lettre écrite au roi par M. le prince de Condé sur le sujet de son absence à l'action de sa majorité, du 6 septembre 1651. Paris, Nicolas Vivenay, 1651, 8 pages.

94. *Déclaration du roi pour l'innocence de monseigneur le prince de Condé, vérifiée en parlement, Sa Majesté y séant, le 7 septembre* 1651. Paris, par les imprimeurs et libraires dn roi. 1651, 8 pages. Il y avoit eu la veille, c'est-à-dire avant l'action de la majorité, qu'on y prenne garde, une *Déclaration du roi portant défenses au cardinal Mazarin, ses varents, alliés et domestiques étrangers, sous quelque prétexte que ce soit, de se montrer dans le royaume et autres pays sous la protection de Sa Majesté, et à tous gouverneurs et autres officiers de les y souffrir, sur les peines y mentionnées, vérifiée en parlement le sixième septembre* 1651. Paris, par les imprimeurs et libraires ordinaires du roi 1651, 14 pages.

95. Le prince de Condé partit, non de Limours, mais de Saint-Maur le 13 septembre. Il donna avis de son départ au duc d'Orléans par la *Lettre de M. le prince de Condé à Son Altesse royale sur le sujet de son éloignement de la cour, du 13 septembre* 1651. Paris Nicolas Vivenay. 1651, 8 pages. Nous n'en citerons

que cette phrase qui justifie en un point le biographe : « En même temps j'appris qu'on avoit donné ordre pour licencier ou charger les troupes qui sont sous mon nom ; pour à quoi parvenir plus facilement, Votre Altesse royale sait qu'on a séparé celles qui sont aussi sous son nom, du corps de l'armée, dans la croyance que l'on a, qu'elle n'autoriseroit pas cette violence. »

96. Avant la fin de septembre, en effet, le roi se rendit à Fontainebleau ; et le 6 octobre, il partit de cette ville pour aller enlever Bourges au prince de Conti qui s'en étoit rendu maître.

97. L'ordre de recruter des troupes est antérieur à la lettre qui contient l'invitation de revenir en France, ainsi qu'on va le voir ; car nous croyons devoir reproduire, à cause de sa rareté, cette lettre qui a été publiée sous le titre de *Lettre du roi écrite au cardinal Mazarin*. S. l. n. d. 2 pages.

« Mon cousin, j'ai lieu de croire, selon les ordres que je vous ai ci-devant donnés, que les troupes que j'ai désiré que vous missiez sur pied sont en état de marcher et de me servir. C'est pourquoi mon intention est que sans aucune perte de temps, vous vous acheminiez avec ces mêmes troupes du côté où je suis, et sans répliquer à cet ordre, que vous y obéissiez. Je mande à mon cousin le maréchal d'Hocquincourt de s'avancer aussi avec celles que j'ai fait assembler en mes provinces de Picardie et de Champagne; et par un ordre que je lui adresse, je commande à toutes les villes de mon royaume de l'y recevoir et loger, et à tous mes officiers et sujets de favoriser sa marche. Ce que j'espère qu'ils exécuteront, peu d'entre eux pouvant ignorer combien j'en ai besoin pour réduire sous mon obéissance ceux qui s'en sont soustraits, qui est le seul moyen qui peut avancer leur repos pour lequel je travaille incessamment. Et l'affection et la fidélité que vous avez toujours eues à mon service m'assurant que vous exécuterez sans remise ce qui est de ma volonté, je prie Dieu qu'il vous ait, mon Cousin, en sa sainte et digne garde. Écrit à Poitiers le douzième décembre 1651. *Signé* Louis ; et plus bas DE LOMÉNIE. Au dos est écrit : *A mon cousin le Cardinal Mazarini.*

98. Nous avons dit plus haut (*voir* la note 76) que le parlement ne rendit pas moins de trois arrêts contre Mazarin dans le seul mois de décembre. Celui du 29 donna lieu à une polémique très-vive dont les deux pièces principales sont les *Sentiments d'un fidèle sujet du roi sur l'arrêt du parlement du vingt-neuvième*

décembre 1651. S. l. n. d., 73 pages, et le *Complot et entretien burlesque sur l'arrêt du 29 décembre, contenant les principaux chefs d'accusation contre le ministère du cardinal Mazarin, par le sieur de Sandricourt.* Paris, 1652, 23 pages. C'est à ce propos qu'on peut dire avec le biographe que les princes et le parlement « s'aidèrent de la langue »; mais il faut ajouter que l'arrêt lui-même était un instrument de plus dangereux usage puisqu'il mettoit à prix la tête du cardinal.

99. Charles de Monchy, marquis et maréchal d'Hocquincourt, mort en 1658. Henri de Saint-Nectaire, marquis de la Ferté, maréchal de France, mort en 1681. Le premier commandoit en effet les troupes du cardinal Mazarin. Le second n'eut aucune part à cette expédition.

100. Le cardinal Mazarin rejoignit la cour le 28 janvier 1652, non à Amboise, mais à Poitiers. Il ne passa dans la première ville qu'au commencement de février, quand le roi se rapprocha de la Loire pour appuyer le siége d'Avignon.

101. Paul Mancini, fils aîné de Géronime Mazarini et du chevalier Lorenzo Mancini.

Nous verrons plus loin qu'il mourut des blessures qu'il avoit reçues au combat du faubourg de Saint-Antoine.

102. La conjonction *et* est de trop; car le premier président étoit en même temps garde des sceaux. On sait que c'étoit Matthieu Molé, mort en 1656. Le document que le biographe donne ici tant bien que mal en substance est l'*Arrêt du conseil d'État du roi donné en faveur du cardinal Mazarin;* jouxte la copie imprimée à Poitiers par Julien Thoreau. 1652, 4 pages. Il est du 18 janvier.

103. C'est passer bien légèrement sur les événements qui marquèrent le commencement de cette année 1652, surtout en Guyenne. Quoi qu'il en soit, le prince de Condé rentra dans Paris le 11 avril.

104. Nous ne voyons pas d'autre pièce à qui puisse s'appliquer ce passage, que la *Véritable lettre circulaire de messieurs du parlement envoyée à tous les parlements de France.* Paris, veuve J. Guillemot, 1652, 4 pages. Elle accompagnoit le *Véritable arrêt de la cour de parlement, donné toutes les chambres assemblées, les vendredi et samedi 19 et 20 juillet 1562.* Paris, par les imprimeurs et libraires

ordinaires du roi. 1652, 5 pages. Le parlement avoit par cet arrêt invité le duc d'Orléans à prendre la lieutenance générale du royaume ; et en cela il n'avoit contenté ni les princes ni la faction, qui auroient voulu qu'il établît lui-même, suivant les expressions d'un faux arrêt publié dans le même temps, « l'oncle unique de Sa Majesté lieutenant général et souverain du royaume pendant la captivité du roi. »

105. Henri de la Tour d'Auvergne, vicomte de Turenne, né à Sedan le 16 septembre 1611, mort le 27 juillet 1675.

106. Jacques de Saulx, comte de Tavannes, né en 1620, mort le 22 décembre 1683. On sait qu'il a laissé des *Mémoirés* très-estimés. Il paroît que la Fronde le fit maréchal de France, comme la Ligue avoit fait son grand-oncle Jean de Saulx vicomte de Tavannes, sans que ni l'un ni l'autre aient jamais pu jouir de cet honneur.

107. Le duc de Nevers. C'est le duc de Nemours, Charles-Amédée de Savoie, tué en duel, le 30 juillet 1652, par son beau-frère le duc de Beaufort.

Nous ne devinons pas ce que c'est que Riva-faur. Le manuscrit 5485 du supplément fran-

çois porte *il Roccafago*. Ce seroit alors François VI, duc de La Rochefoucauld, qui fut en
effet blessé grièvement dans cette journée et
mourut en 1680.

François de Vendôme, duc de Beaufort,
mort devant Candie le 25 juin 1669.

108. Il y a là une confusion étrange de
deux combats parfaitement distincts : celui du
4 mai, qui eut lieu devant Étampes et qui in-
terrompit la revue de l'armée des princes que
Mademoiselle passoit à son retour d'Orléans;
celui du faubourg de Saint-Antoine que Turenne livra au prince de Condé le 2 juillet.
Tavannes joua en effet un rôle brillant dans le
premier; mais tout l'honneur du second, du
côté de la Fronde, fut remporté par le prince.
Dans la *Relation véritable de ce qui se passa,
le mardi 2 de juillet, au combat donné au faubourg Saint-Antoine entre les troupes du cardinal Mazarin, commandées par les maréchaux de Turenne et de La Ferté, et celles de
Monsieur le duc d'Orléans et de Monsieur le
prince.* Paris, Nicolas Vivenay, s. d. 31 pages.
Marigny dit des ducs de Nemours, de La Rochefoucauld et de Beaufort : « Dans cette attaque (celle de l'avenue de Charenton), le duc de
Nemours, qui fit tout ce qu'on peut faire humai-
nement dans la guerre, fut blessé à la main et

reçut sur sa cuirasse cinq ou six coups de mousquet et deux dans son chapeau. Le duc de La Rochefoucauld, dont on ne peut assez louer l'intrépidité, fut blessé d'un coup de mousquet au visage.... Le duc de Beaufort, qui durant toute la journée avoit donné des témoignages illustres d'une valeur singulière, reçut en cette occasion quantité de coups sur sa cuirasse; et comme il étoit pied à terre, rudement attaqué par les ennemis et en danger de perdre ou la vie ou la liberté, Monsieur le Prince vint fondre comme un foudre sur les ennemis et lui donna loisir de remonter à cheval et de se retirer. » Nous ne voyons pas que Marigny parle des trois chevaux tués du prince de Condé; mais voici en quels termes il rend hommage à la conduite et à la valeur du prince : « Il seroit mal aisé d'exprimer la joie qu'eut tout le peuple de voir l'armée du prince en sûreté, les acclamations dont il accompagna Monsieur le Prince, lorsqu'il rentra dans la ville, les bénédictions qui lui furent données, et les grâces que l'on rendit à Dieu pour l'avoir conservé dans une si glorieuse journée. Mais il seroit encore plus difficile de donner à sa valeur les justes louanges qu'elle mérite. Il suffit de dire que dans une occasion, la plus dangereuse et la plus belle que l'on ait vue depuis le commencement de la guerre, il a porté partout la terreur et l'effroi; que les ennemis l'ont rencontré partout; qu'il a essuyé le feu de toutes les attaques; qu'il a, par son exemple, rehaussé l'ardeur des plus braves; qu'il a, par son courage et sa prudence, raffermi ceux que le grand nombre et la mauvaise fortune avoient fait ployer; et qu'il a montré que sa présence étoit capable de suppléer à l'inégalité d'une armée plus foible d'hommes que celle qui l'attaquoit; qu'enfin il étoit non-seulement capable de faire combattre et vaincre de vieux soldats, mais d'en faire sur-le-champ, puisque les bourgeois de Paris qui sortirent hors de la ville, le voyant à leur tête, se crurent invincibles et allèrent aussi avant que les vieilles troupes. » Mancini étoit avec les volontaires sous le commandement du marquis de Saint-Mégrin dans l'attaque de la barricade que défendoient Tavannes et Clinchamp. « Le Mancini, neveu du cardinal Mazarin, fut du nombre des blessés, dit Marigny. Comme cette nouvelle lui fut apportée, il fit cent extravagances, et, pleurant devant le roi, lui dit que Sa Majesté lui étoit fort obligée puisqu'il venoit de perdre son sang pour son service. On en rendroit un notable à l'État, si, pour épargner le sang de tant de braves François, l'arrêt qui met sa tête à prix étoit heureusement exécuté. » Mancini mourut des suites de ses blessures le 13 juillet. Il étoit âgé de dix-huit ans.

109. Mazarin partit le 19 août, non de Compiègne, mais de Pontoise. Il se rendit à Bouillon, dans le pays de Liége, et non à Bar-le-Duc. La cour n'alla à Compiègne que le 23. Ce ne sont pas toutes les inexactitudes de ce récit; mais il seroit trop long de les relever. D'ailleurs les circonstances de cette seconde retraite du cardinal sont bien connues.

110. Ce fut Talon qui, à la sollicitation du parlement fit demander des passe-ports à la cour. Le chancelier et le garde des sceaux lui répondirent par un refus motivé sur ce que le roi avoit transféré son parlement à Pontoise et interdit à ses officiers toute fonction dans Paris. Leurs lettres furent portées et lues à l'audience du 30 septembre par le conseiller Doujat.

111. Les choses ne se passèrent pas absolument comme le dit le biographe. Il y eut d'abord un *Édit portant amnistie de tout ce qui s'est passé à l'occasion du présent mouvement à la charge de se remettre, dans trois jours, dans l'obéissance du roi, vérifié en parlement le 26 août* 1652. Pontoise, Julien Courant, 1652, 15 pages. Le parlement de Paris le vérifia en effet; mais par son arrêt, il en excepta : 1. les auteurs et les complices de l'attentat fait à

la justice le 25 juin ; 2. ceux qui pouvoient être coupables de l'incendie et des assassinats commis en l'hotel de ville le 4 juillet. Or il est à remarquer que l'affaire du 25 juin, qu'on a appelée la *guerre des Menardeaux*, étoit imputée à la cour ; et la Fronde affectoit de renvoyer aux royalistes la responsabilité de l'incendie de l'hôtel de ville. Une partie du peuple prit parti contre l'arrêt de vérification ; on fit une assemblée dans le jardin du Palais-Royal, le 24 septembre, pour contraindre le parlement à accepter l'édit sans exception ni réserve. Mais le surlendemain fut rendu l'*Arrêt de la cour du parlement portant défenses de s'attrouper, faire assemblée et afficher aucuns placards et billets tendant à sédition*, du jeudi 26 septembre 1652. Paris, par les imprimeurs et libraires ordinaires du roi. 1652, 4 pages. Le même jour, le roi donna une *Déclaration en faveur des bourgeois et habitants de la ville de Paris, contenant la levée des modifications portées par l'arrêt de vérification de l'amnistie accordée par Sa Majesté*. Pontoise, Julien Courant, 1652, 3 pages ; et il fit délivrer à Antoine Estienne une *Commission du roi envoyée pour imprimer, publier et afficher sa déclaration d'amnistie en faveur des bourgeois et habitants de la bonne ville de Paris*. S. l. 1652, 4 pages. La Déclaration fut donc imprimée, mais en secret ; et l'homme à qui, au rapport du P. Berthod, M. de Beauvais en avoit remis quantité de copies pour les afficher dans les carrefours, fut pris par un conseiller que M. le Prince avoit mis au guet, et mené prisonnier à la Conciergerie. Il ne servit de rien au conseiller Charles Prévost et aux bourgeois de l'assemblée du Palais-Royal d'avoir été mis sous la protection du roi par un arrêt du parlement de Pontoise en date du 25 septembre. Le 28, le parlement de Paris n'en ordonna pas moins que ceux qui avoient été arrêtés seroient mis à la question parce qu'ils ne vouloient pas avouer « d'où les copies des Déclarations leur étoient venues. » Les planches des placards furent rompues chez l'imprimeur, qui du moins eut le bonheur de se sauver. Le 3 octobre, il fut rendu un autre *Arrêt de la cour de parlement portant que députation sera faite vers Sa Majesté pour la supplier de donner une amnistie dans les termes ordinaires, vérifié en sa cour de parlement de Paris.* Paris, par les imprimeurs et libraires ordinaires du roi, 1652, 7 pages. Enfin après la rentrée du roi, il parut un second *Édit portant amnistie générale de tout ce qui fut fait à l'occasion des mouvements passés jusques à présent, vérifié en parlement, toutes les chambres assemblées au château du Louvre, publié, le roi y séant, le 22 octobre 1652.* Paris, par les imprimeurs et [libraires ordinaires du roi 1652, 8 pages.

112. La députation du clergé se rendit, la première, à Compiègne le 9 septembre ; celle des six corps de marchands alla à Pontoise le 26 ; enfin celle de la milice fut reçue à Saint-Germain le 17 octobre. Il n'y eut pas de députation du parlement. Le roi n'en voulut pas.

113. Pierre Broussel avoit donné sa démission dès le 24 septembre. Le duc de Beaufort ne consentit à donner la sienne que le 14 octobre.

114. C'est aux députés de la milice que le roi fit cette réponse. Il leur dit que, content de leur obéissance et pressé de satisfaire à leur désir, il comptoit aller coucher au Louvre le 21. *Relation de tout ce qui s'est fait et passé en la députation du corps de la milice de Paris et l'assurance que le roi a donnée de se rendre le 21 octobre à Paris, avec toute la satisfaction qu'on a désirée de Sa Majesté.* Paris, Pierre le Petit, 1652, 8 pages.

115. Le roi rentra en effet dans Paris le 21, comme il l'avoit projeté, au milieu des acclamations du peuple ; et les pamphlétaires sa-

luèrent son retour, il faut le dire avec plus de bonne volonté que de succès. *Les Particularités de tout ce qui s'est passé à l'entrée et au retour du roi dans sa ville de Paris, le lundi 21 octobre 1652.* Paris, Jacques Le Gentil 1652, 7 pages.

116. Gaston s'étoit engagé par écrit, le jour même de l'entrée du roi et pendant que le cortége royal étoit encore hors de la porte de la Conférence, à sortir de Paris le lendemain. Il se retira en effet à Limours d'où, après avoir signé un nouvel acte de soumission, il eut permission de se rendre à Blois.

117. Le prince de Condé avoit quitté Paris le 13 octobre avec le duc de Lorraine.

118. Mazarin rentra en France à la fin de 1652. Il rejoignit l'armée de Turenne devant Bar-le-Duc, assista à la reprise de quelques châteaux dont les Lorrains s'étoient emparés pendant l'été, et arriva à Paris le 3 février 1653. Les manuscrits 104372 du *Fonds Baluze* et 5485 du *Supplément françois* ajoutent au texte de la *Rivista* « qu'il fut reçu avec beaucoup de pompe et de faste. » Cela est vrai, car les officiers de la couronne et les grands seigneurs qui étoient à Paris allèrent à sa rencontre

jusqu'à Dammartin; le roi même l'attendit au Bourget où il le prit dans son carrosse pour le conduire au Louvre. Les mêmes manuscrits ajoutent encore « qu'il fut déclaré grand au-mônier de France, dignité du défunt cardinal de Lyon. » C'est une erreur. Alphonse du Plessis de Richelieu, archevêque d'Aix en 1626, de Lyon en 1628, cardinal en 1629, grand aumônier en 1632, ne mourut que le 28 mars 1653; et il eut pour successeur dans la grande aumônerie le cardinal Antoine Barberini. Le cardinal Mazarin n'avoit pas pu prétendre à une telle charge puisqu'il n'étoit pas prêtre, ou suivant l'expression de l'abbé de Laffemas dans la *Lettre à monsieur le cardinal, burles-que*, puisqu'il n'étoit

. . . . *in sacris*,
N'ayant ordres donnés ni pris.

119. Victoire Mancini mariée, suivant le père Anselme, le 4 février 1651, à Louis de Vendôme, duc de Mercœur, et plus tard car-dinal de Vendôme. Ce mariage qui avoit été l'objet de difficiles négociations et le thème de nombreux pamphlets dès 1649, fut d'abord tenu secret; et ainsi il donna prétexte à des plaintes très-vives de la part du prince de Condé. Le duc de Mercœur l'avoua enfin, le 3 août, devant le parlement qui l'avoit mandé

par arrêt. C'est peut-être à cause des oppositions ardentes qu'il rencontra, et du mystère
dont en conséquence on se crut obligé de l'entourer, que le contrat ne fut dressé et signé
que le 29 mai 1654, trois mois après le mariage du prince de Conti. Les manuscrits 10487[2]
du *Fonds Baluze* et 5485 du *Supplément françois* ajoutent donc gratuitement à ce paragraphe : « Mazarin ayant donné à sa nièce un
demi-million de dot. »

120. Le biographe commet ici une erreur;
ce n'est pas la seconde Mancini. Les manuscrits 10487[2] du *Fonds Baluze* et 5485 du
Supplément françois en commettent une autre
lorsqu'à cette phrase incidente : « et dont le
mariage avoit été empêché par les troubles du
royaume, » ils substituent celle-ci : « quand les
troubles du royaume le (Mazarin) contraigni-
rent de se retirer à Cologne. » Le projet de
cette union étoit antérieur même aux premiers
mouvements de la Fronde. On sait que le
duc de Candale étoit Louis - Charles - Gaston
de Nogaret de La Valette, mort à Lyon
en 1658.

C'est Anne-Marie Martinozzi qui épousa le
prince de Conti en 1654. Le contrat fut signé
le 21 février, et le mariage célébré le lendemain 22.

121. Elle s'appeloit Laure Martinozzi. Le duc de Modène étoit Alphouse IV d'Este, duc de Modène et de Reggio, mort le 14 octobre 1658, à l'âge de 28 ans. Le contrat porte la date du 27 mai 1655. La célébration du mariage n'eut lieu que trois jours après, le 30.

122. Olimpe Mancini fut mariée, par contrat du 19 février 1657, à Eugène-Maurice de Savoie, comte de Soissons, fils du prince Thomas qui fut général au service de France et même eut une part considérable à la direction des affaires pendant le premier exil du cardinal Mazarin. Il étoit donc cousin et non frère du duc régnant, Charles-Emmanuel II, et neveu de madame Royale, Christine de France, sœur de Louis XIII. Le biographe a pu pourtant parler du sang royal à propos de ce mariage; car le comte de Soissons appartenoit par les femmes à la maison de France.

Il y a ici dans les manuscrits 10487[2] du *Fonds Baluze* et 5485 du *Supplément françois* des variantes qu'il n'est pas inutile de signaler. Le paragraphe commence ainsi: « Dans le temps que couroit l'année 1657, Mazarin fut déclaré par le roi duc et pair de France aux applaudissements universels; et poursuivant ses projets d'établissements pour sa maison, il maria sa quatrième nièce de la *Caza* Mancini....

au prince Eugène de Savoie, fils du prince Thomas... » Le reste est supprimé et remplacé par ce qui suit : « Cette dernière nièce fut très-aimée du roi, tant aimée que peu s'en fallut qu'il ne l'épousât, se plaisant à la combler des plus hautes faveurs ; et on dit que pour voir son amoureuse, Sa Majesté se travestit et courut ainsi dans Paris, passant sous cette forme devant le carrosse de sa belle aimée. »

123. Ces deux nièces étoient Hortense et Marie Mancini. La première fut mariée à Armand-Charles de La Porte, duc de Mazarin et de La Meilleraie, suivant contrat du 28 février 1661. Le mariage fut célébré le 1er mars, huit jours avant la mort du cardinal. La seconde épousa, le 11 avril de la même année, Laurent Onuphre Colonna de Gioëni, duc de Taliacote, prince de Polliano et de Castiglione, connétable de Naples. On trouvera dans une des notes qui suivent quelques détails sur ce dernier mariage.

Le biographe a oublié une septième nièce : Marie-Anne Mancini, qui fut unie le 20 avril 1662 à Godefroy Maurice de La Tour d'Auvergne, duc de Bouillon, fils aîné de Frédéric Maurice et neveu du grand Turenne.

En terminant cette note, nous devons dire que les dates des contrats de mariage de la duchesse de Mercœur, de la princesse de Conti, de la duchesse de Modène, de la comtesse de Soissons et de la duchesse de Mazarin nous ont été fournies par M. Richard, conservateur adjoint de la Bibliothèque impériale, qui les a prises sur les originaux dans les papiers de Colbert.

124. Le biographe veut parler ici d'Alphonse Mancini, frère cadet de Paul; mais le neveu du cardinal mourut le 5 janvier 1658 des suites d'un accident qui lui étoit arrivé au collége de Navarre. La faveur de Mazarin se reporta alors sur un troisième Mancini, Philippe Julien, qui, né à Rome en 1641, eut en 1654 l'honneur de porter le manteau royal au sacre de Louis XIV, fut capitaine-lieutenant des mousquetaires du roi, lieutenant général du Nivernois, de la Rochelle et du pays d'Aunis, chevalier du Saint-Esprit en 1661, duc de Nevers et mourut à Paris le 22 mai 1707. Il avoit épousé Gabrielle de Damas, fille de Claude de Damas, comte de Thiange.

Dans les manuscrits 104872 du *Fonds Baluze* et 5485 du *Supplément françois*, le paragraphe relatif à Hortense et à Marie Mancini est transposé et refait; celui qui touche au duc de Nevers est supprimé. Après avoir parlé du mariage de la comtesse de Soissons, on continue de la manière suivante :

« En 1659, la guerre entre les deux couronnes touchant à sa fin, il plut à Sa Majesté, de l'avis de ce grand cardinal Mazarin, de conclure la paix entre l'Espagne et la France, paix saluée par la joie universelle, surtout à cause du mariage qui s'ensuivit, du roi de France et d'Anne (Marie) Thérèse, fille aînée de Philippe IV, roi d'Espagne. Moins encore peut-être par l'accomplissement de ce mariage que par la conclusion de la paix, Mazarin s'acquit une éternelle gloire.

« Il lui restoit deux autres nièces de la maison Mancini qu'il avoit fait amener de Rome en France et qu'il tenoit dans un couvent, pensant à les allier, quand il en seroit temps, aux plus nobles et principales familles françoises, ou bien à Rome, à la maison Orsini des ducs de Bracciano. En ce temps, il se réconcilia avec le cardinal de Retz; et il eut la pensée de marier son neveu, pour qui il avoit acheté le duché de Nevers, avec la Gondy, nièce du cardinal.

« Poursuivant l'élévation de sa maison, le roi fit, sur ses instances, élever Mancini, son autre neveu [1] au cardinalat par le pape Alexandre VII ; Mazarin renonçant en faveur de ce fils de sa sœur à des abbayes de France

---

1. François-Marie Mancini fut créé cardinal en 1660 et mourut en 1672. Il fut un des exécuteurs testamentaires de son oncle.

de 30 000 écus de rente et lui donnant le beau palais qu'il avoit acheté sur le Monte-Cavallo près du palais pontifical.

« Parvenu au plus haut point de satisfaction qu'il pût désirer, très-aimé du roi de France, du roi d'Espagne, de l'empereur et de tout le collége des cardinaux, s'étant fait des amis et en grande partie des parents de tous ses ennemis, ayant accumulé des trésors (des millions F. B.), étant allié au sang royal et aux plus grands princes de France et d'Italie, ayant bâti dans ces deux pays des églises somptueuses et de très-beaux colléges, ayant fait nommer des cardinaux sur sa recommandation, honoré et courtisé des princes et neveux du pape, ayant enrichi et élevé aux plus grands honneurs ses parents, à la fin il mourut à Paris en 1661, avec un très-sensible regret, au grand chagrin du roi, au comble de la gloire et de la considération non-seulement en France mais dans toute la chrétienté à cause de la paix universelle qu'il lui avoit donnée ; laissant au roi plusieurs traités politiques et chrétiens sur le gouvernement du royaume, tant pour l'offense que pour la défense, et sur les moyens de faire de grandes sommes de deniers.

« Et parce qu'il lui restoit à marier sa dernière nièce, il lui laissa pour cet effet par son testament 300 000 écus de dot. Elle fut mariée à Romé au prince et grand d'Espagne D. Lorenzo Colonna qui l'alla prendre à Milan à son arrivée de Paris. Ainsi Mazarin fut apparenté à ses anciens patrons.

« Il laissa encore de quoi ériger un collége de jeunes nobles étudiants italiens, particulièrement romains, le dotant avec magnificence. Il laissa aussi beaucoup d'argent à des maisons religieuses, fit beaucoup de legs pour le repos de son âme et donna à tous ses parents et amis, pour qu'ils eussent quelque souvenir de lui tant en France qu'en Italie, comme il appert plus amplement par son testament qui est contenu dans ce même volume.

« A Rome dans l'église qu'il avoit bâtie, il fut fait, comme auparavant à Paris, un très-beau catafalque, avec une grande dépense, digne en quelque façon d'un roi, autour duquel le sacré collége entendit chanter une messe solennelle, avec beaucoup de nobles romains. »

Le testament dont il vient d'être parlé, ou plutôt un résumé de ce testament, se trouve en effet dans le manuscrit 5485 du *Supplément françois*. Il est intitulé *Reassunto del testamento del cardinal Giulio Mazarino*. C'est une invention pure. Il commence par des conseils au roi très-curieux que l'auteur présente comme extraits d'un écrit plus étendu qui a pour titre : *L'Ombra del già cardinale Giulio*

Mazzarini. Il se termine par une longue série de legs supposés. Nous reproduisons les conseils parce qu'ils appartiennent à l'histoire de l'opinion, sinon à l'histoire des événements. Nous citons ensuite quelques legs qui ont une certaine corrélation avec des faits rapportés dans notre travail.

Le cardinal Mazarin laisse au roi :

« D'abord un long écrit de politique sur la raison d'État, où il lui décrit la manière dont il doit gouverner son royaume, et où il lui montre le moyen de faire de grosses sommes d'or sans charger et·fatiguer son peuple, l'économie avec laquelle il doit dépenser ces sommes soit pour la guerre, soit pour les subsides, soit pour la gloire et la splendeur de son nom, soit enfin pour tous les accidents qui peuvent tomber sur la France, tant dans l'offensive que dans la défensive. Cet écrit fut ingénieusement intitulé après sa mort : *L'Ombre de Mazarin apparue à Louis XIV, roi de France.*

« Dans cette ombre, il lui donne le moyen de dominer (*adumbrare*) les premiers potentats de l'Europe, afin de prévenir les événements qui peuvent naître dans les affaires de l'État, et découvrir les mouvements de ceux avec qui la France est intéressée ou doit s'intéresser. Parmi ces derniers, il faut compter la Hollande, qui s'est montrée ingrate et insolente envers la puissance françoise, et qui à cause de cela doit être acquise par tous les moyens qui seront avantageux. Il lui dit en outre que la Hollande est rebelle à Dieu et à son roi, qu'elle nourrit dans son sein les hérésies les plus perverses qu'il y ait, contre la sainte Église ; qu'il convient par conséquent qu'elle soit rendue sujette du roi très-chrétien, d'autant plus qu'elle a été dans le domaine des rois de France pendant 477 ans. Et parce que manifestement Mazarin écartoit de longue main les obstacles que pouvoient opposer à ce projet l'Allemagne, l'Espagne, l'Angleterre et les autres États, il lui donne ses dernières considérations et avertissements pour détourner et rejeter les empêchements qu'ils y pourroient apporter. Il lui exprime où, quand et comment il peut et doit se préparer à l'invasion de la Hollande.

« Il lui dit que pour éterniser la gloire de la France et son propre nom, il doit dans un temps précis faire la conquête de l'Afrique avec le royaume de Tunis et d'Alger ; lui remontrant que cela rendroit facile un puissant armement maritime avec lequel il s'empareroit du port de Gigeri sur le continent africain. Pour cette affaire et celle de Hollande, il laisse au roi six millions d'or qu'il a dans diverses forteresses de France.

« Il lui laisse pour précepte politique qu'il doit purger la France de toutes sortes d'hérésies, et particulièrement des huguenots, lesquels, avec leur dépravation hérétique, ont toujours tenu l'État dans l'agitation , et qu'il doit user de toute sévérité envers un si grand mépris du catholicisme et du saint-siége apostolique , lui recommandant l'exemple du roi Henri III.

« Qu'il doit coopérer avec la cour romaine, par le moyen de la faction françoise, à faire élever au pontificat un sujet affectionné à sa couronne, et qu'il se l'attache, s'il est du parti contraire, montrant l'exemple d'Innocent X qui, bien qu'élu pape par les Espagnols, davantage bien qu'Espagnol lui-même par son génie, néanmoins avec révérence, expression affectueuse , humilité et démonstration , se rendit, à la fin de son pontificat, dépendant de la France, avec laquelle il traita de choses de beaucoup d'importance et de grande conséquence, au temps où la mort ne trancha pas seulement la vie à Sa Sainteté, mais encore rompit la trame qu'elle tenoit pour l'utilité de l'État ecclésiastique, de la France et de la maison Pamphili.

« Qu'il doit, par raison d'État, avoir en Italie quelques bonnes forteresses, ce qui sera d'une très-grande conséquence pour la France, entre autres en ce qu'elles tiendront en respect plusieurs souverains tant de l'Italie que d'ailleurs; et il lui nomme spécialement Cazal, Monaco et autres semblables qu'il lui avoit procurées par amitié et pour de l'argent; c'est pourquoi il lui laisse, outre les cinq millions dits plus haut, deux autres millions d'or qu'il a dans les banques et au Mont-de-piété de Rome.

« Qu'il doit, à l'exemple de l'Espagne, du Portugal, de l'Angleterre et de la Hollande, avoir commerce avec l'Inde, dont le trafic et les marchandises apporteront beaucoup d'utilité et d'avantage à la France et en enlèveront une bonne partie à ces nations; et parce que cela ne peut se faire qu'avec bon nombre de gros vaisseaux et un fonds de 25 millions, il lui laisse le moyen de prendre ce fonds sur ses finances et sur la Paulette sans altérer l'ordinaire; et de ses deniers propres, pour la dépense des vaisseaux susdits, il lui laisse un million et demi de livres.

« Il lui laisse pour maxime irréfragable de politique qu'à l'avenir, il ne doit mettre personne, ni étranger, ni François, dans le poste où, par la bonté et la générosité de Louis XIII et du cardinal de Richelieu, il a lui-même été conduit, disant que pendant l'enfance de Sa Majesté et suivant les guerres domestiques et étrangères de la France, il a été très-instamment sollicité par les Espagnols et autres ennemis de la couronne de favoriser les grands troubles dont le royaume étoit travaillé en ce temps-là, pour quoi faire on lui promettoit tout ce qu'il pourroit désirer, et entre autres choses, de marier sans aucunes dépenses ses quatre nièces dans les premières maisons d'Espagne, lesquels mariages auroient eu pour conséquences de tirer sa personne de ce côté et de priver la France de son gouvernement; ces mariages, ils promettoient de les faire aussitôt que, comme premier ministre, il auroit conclu une paix avantageuse à la couronne d'Espagne. Mais parce que la fidélité et l'expérience des choses heureuses pour la France qu'elle a toujours procurées jusqu'à son dernier moment, parlent clairement de son gouvernement et de son administration, et attestent son affection et non-seulement dans le royaume, mais encore dans le monde entier, pour prouver son attachement au roi, il lui laisse tout son héritage, de quelque qualité qu'il soit, sauf la bibliothèque et trois millions d'or.

« Puis, que Sa Majesté doit vérifier avec toute rigueur les comptes du trésorier général du royaume, Fouquet, lequel a une immense richesse, et n'a pas soldé ses comptes avec la chambre royale, que l'on calcule devoir, après une administration de tant d'années, au roi

20 millions de livres ; comme aussi qu'il doit faire rendre un compte minutieux par tous les trésoriers des finances.

« Enfin il lui dit qu'il ne doit pas faire la guerre en Italie sans l'union de quelques puissances italiennes, parce que l'expérience et la raison lui enseignent que les guerres d'Italie ne peuvent avoir aucun bon succès pour la France. »

Nous le répétons : tout cela n'est que fiction ; mais la fiction, il faut en convenir, est heureuse. Elle est comme une sorte de divination de quelques-uns des principaux actes du grand règne : la guerre de Hollande en 1672 , l'établissement des François dans les Indes en 1680 , la révocation de l'édit de Nantes en 1685. Nous voulons bien ne pas parler de la résolution que prit le roi d'être lui-même son premier ministre, ni de l'arrestation et du procès de Fouquet, ni de l'expédition de Gigeri en 1664. Ces événements avaient pu être prévus, discutés, délibérés, pendant la vie du cardinal Mazarin ; mais les autres ? Comment a-t-il pu ainsi les entrevoir et les annoncer en quelque façon comme les dernières volontés du cardinal ? Il falloit donc que l'opinion publique en eût déjà reçu le germe, pour ainsi parler ? Nous n'y verrions pas de difficulté pour nous, puisque le dernier, la révocation de l'édit de Nantes, a des marques évidentes de son origine dans les assemblées du clergé dès le temps de la Fronde. En voici un exemple que nous empruntons à la *Remontrance du clergé de France faite au roi, la reine régente sa mère présente, par révérend père en Dieu, messire Guillebert de Choiseuil du Plessy-Praslain, évêque de Comange, assisté de MM. les évêques et députés de l'assemblée générale.* Paris, Antoine Vitré, 1651, 22 pages. « Nous ne demandons pas, sire, à Votre Majesté, qu'elle bannisse à présent de son royaume cette malheureuse liberté de conscience qui détruit la véritable liberté des enfants de Dieu, parce que nous ne jugeons pas que l'exécution en soit facile ; mais nous souhaitons du moins que ce mal ne fasse pas de progrès et que, si votre autorité ne le peut étouffer tout d'un coup, elle le rende languissant et le fasse périr peu à peu par le retranchement et la diminution de ses forces. »

Les deux seuls legs que nous allons citer montreront, pensons-nous, que l'auteur, dans l'addition qu'il a faite au travail du biographe, s'est inspiré de ce prétendu résumé du testament :

« Il laisse au cardinal Mancini, son neveu, à qui il a fait donner le chapeau, sur la demande du roi, par le pape Alexandre VII,

60 000 écus et autres 30 000 écus annuels auxquels il a renoncé sur les abbayes qu'il possédoit en France ; et davantage, il lui laisse son beau palais et jardin, à Rome, sur le Monte-Cavallo.

« Il laisse au cardinal de Retz un carrosse de ville d'un très-beau dessin, enrichi d'or, et un très-gentil genet d'Espagne. »

FIN DES NOTES.

TABLE

DES NOMS DE PERSONNES ET DE LIEUX.

BIBLIOTHÈQUE IMPÉRIALE IMP.

FIN DE LA TABLE.

PARIS. — IMPRIMERIE DE CH. LAHURE ET Cie
Rue de Fleurus, 9

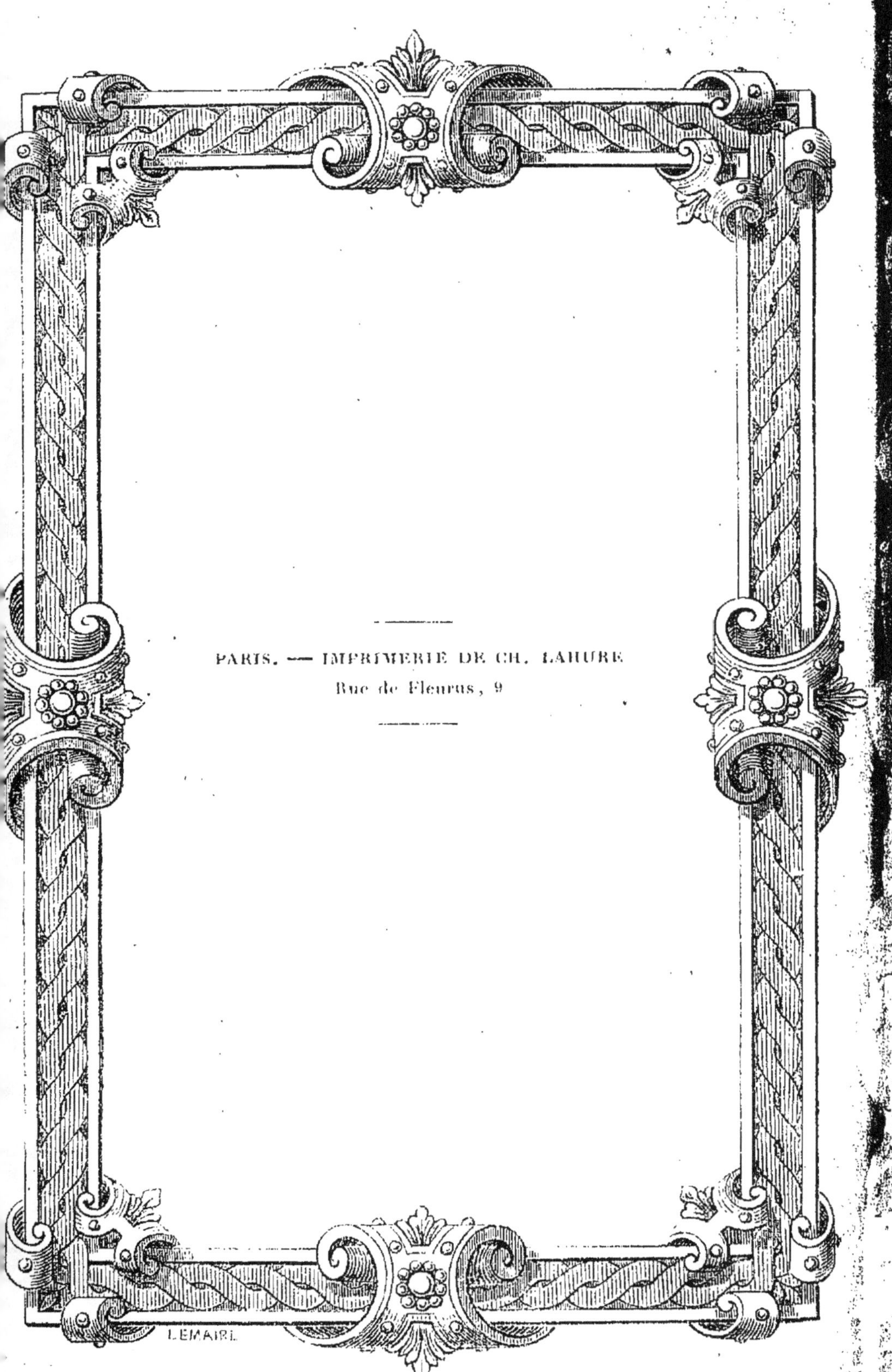

PARIS. — IMPRIMERIE DE CH. LAHURE

Rue de Fleurus, 9

www.ingramcontent.com/pod-product-compliance
Lightning Source LLC
Chambersburg PA
CBHW051238050726
47594CB00001B/217